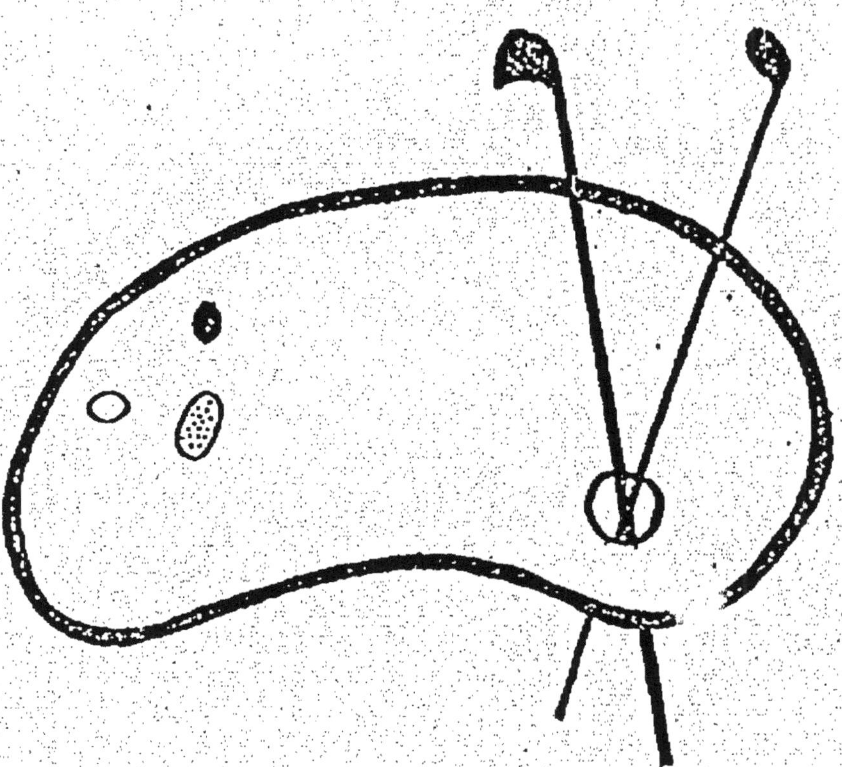

DEBUT D'UNE SERIE DE DOCUMENTS
EN COULEUR

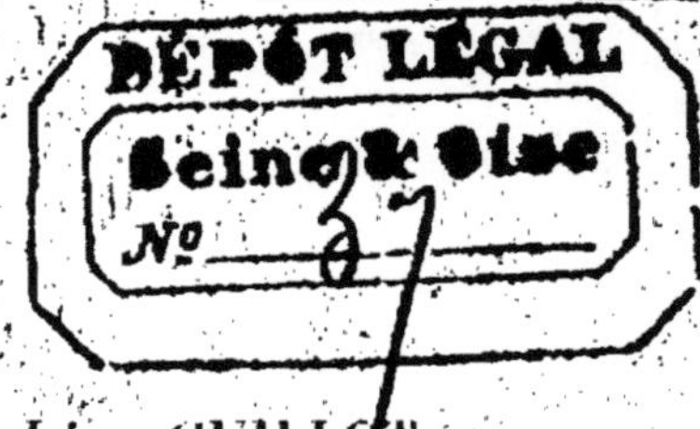

LÉON GUILLOT
FONDATEUR DES SOCIÉTÉS APPROUVÉES
La Boule de Neige, Société de retraites
Le Soutien des Familles
Société d'assurances au décès
Fondateur
de la Revue *La France Mutualiste*

Tu seras Mutualiste ?

1re ÉDITION

AUGUSTE RÉTY, IMPRIMEUR-ÉDITEUR
MEULAN (S.-ET-O.)

1904

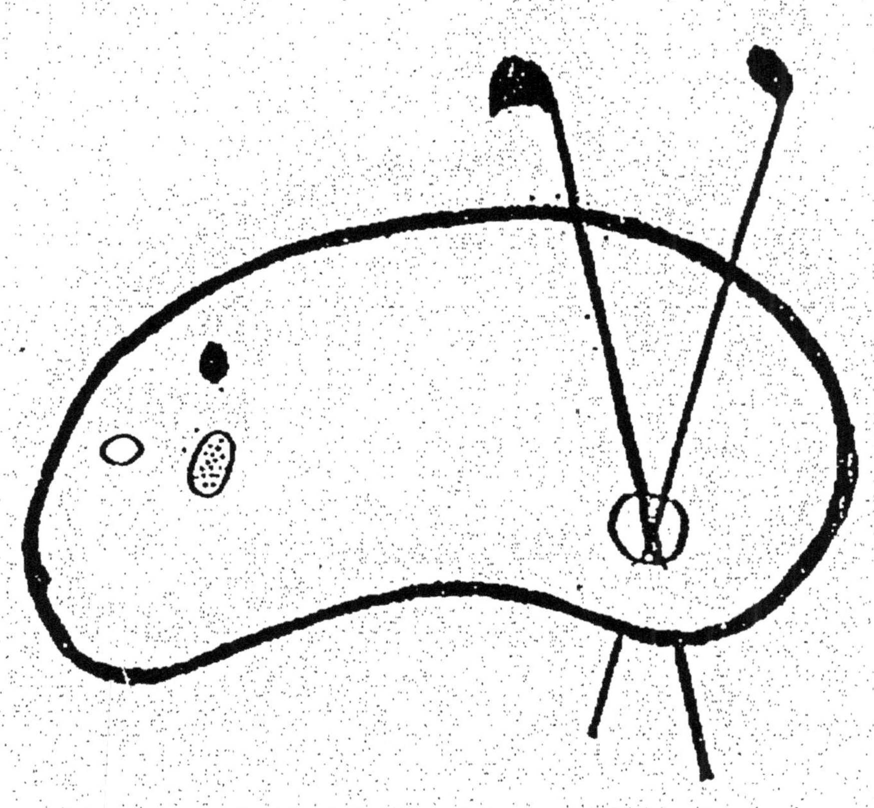

FIN D'UNE SERIE DE DOCUMENTS
EN COULEUR

Tu seras

Mutualiste

Léon GUILLOT
FONDATEUR DES SOCIÉTÉS APPROUVÉES
La Boule de Neige, Société de retraites
Le Soutien des Familles
Société d'assurances au décès
Fondateur
de la Revue *La France Mutualiste*

Tu seras Mutualiste ?

Auguste RÉTY, Imprimeur-Éditeur
Meulan (S.-et-O.)

1904

Dédicace

A tous les humbles, à tous les modestes, à tous ceux pour qui la vie n'est pas la course au bonheur, mais seulement un âpre effort continu pour se soutenir, eux et les leurs, jusqu'aux extrêmes limites de l'âge mûr ;

A tous ceux qui gagnent leur pain à la sueur de leur front et qui ne regardent pas sans inquiétude vers l'avenir, parce que l'avenir, pour eux, c'est peut-être, demain, la maladie, c'est, à coup sûr un jour, la vieillesse ;

A ceux encore dont le dévouement est offert à toutes les bonnes causes et qui agissent pour que l'effort du prolétariat soit soutenu par plus de justice, plus de bienveillance et plus de solidarité ;

A tous ceux-là, j'offre ce petit livre sur la *Mutualité.*

* * * * *

Sans doute, ils n'y trouveront ni les développements de haute portée sociale, ni les minutieuses et éloquentes statistiques que contiennent sur le même sujet certains ouvrages spéciaux (1), ils y trouveront seulement l'estimation exacte de la valeur sociale que peut présenter l'idée mutualiste, dont le développement en France, depuis vingt ans, a été si spontané et si rapide.

Ils y verront aussi que la mutualité n'est pas un engouement, une mode provisoire, mais qu'elle est au contraire une idée puissante, absolument accordée à la nature de nos sociétés modernes et dont rien, désormais, ne peut arrêter l'essor.

Ils y verront surtout que la mutualité bien appliquée, bien soutenue par l'État et les particu-

(1) Notamment : *Le Commentaire de la Loi du 1er avril 1898*, par M. J. Barberet, Directeur de la Mutualité au Ministère de l'Intérieur.

La Mutualité Française, par M. Léopold Mabilleau.

Le Guide-Manuel de la Mutualité Française, par M. Jean Hébrard.

liers, mise à profit dans toutes ses conséquences, est peut-être l'idée sociale la plus capable d'amener tous les hommes sinon au bonheur du moins au bien-être.

Ils y verront enfin que la mutualité est une idée de conciliation et de paix. Elle ne fait appel, en effet, ni à l'utopie, ni aux revendications bruyantes. Elle est fondée sur la bonne volonté de chacun et sur le sentiment que tous, pauvres ou riches, nous avons besoin les uns des autres.

* * * * *

A bien comprendre l'idée mutualiste, les prolétaires, notamment, se sentiront moins isolés et plus confiants dans la vie.

Ce n'est point sans doute qu'ils s'aperçoivent jamais que la mutualité puisse leur apporter la richesse, le bonheur, ou même quoi que ce soit, sans effort de leur part.

Mais ils verront que de cette association courageuse de leurs efforts peuvent naître et la tranquillité, et un minimum de bien-être, et des habitudes d'ordre et de travail qui portent leurs fruits, même en dehors du champ de la Mutualité.

Cette association a d'ailleurs sa valeur en elle-même, l'État et les citoyens plus favorisés de la fortune, la considérant comme un exemple et même une force, lui témoignent chaque jour par des subventions, des dons et des faveurs diverses, plus d'attention et de solidarité.

* * * * *

Les vieux contes du temps passé nous parlent souvent de bonnes fées qui assistaient à la naissance de certains petits enfants et plaçaient dans leur berceau le talisman dispensateur de toutes les joies et de toutes les gloires de la vie.

Eh bien! au chevet de tous les petits enfants d'ouvriers, existe une bonne fée qui ressemble à celles que je viens de rappeler.

Elle ne leur donne ni toutes les joies, ni toutes les gloires, qui n'existent que dans les contes; mais au petit enfant qui entre dans le monde, elle donne du lait, une mère libre de soucis pour quelques semaines. La bonne fée suit l'enfant à l'école, à l'atelier, au régiment, et ne le perd pas de vue quand, devenu homme, il a fondé une famille. Elle le soigne, malade; le réconforte, convalescent; l'indemnise quand il est sans travail. Enfin, quand vient l'heure de la vieillesse, elle lui remet un modeste titre de pension, grâce auquel il descend doucement les pentes de la vie.

Cette bonne fée, c'est la Mutualité, et j'ai pensé qu'il était utile de la faire mieux connaître au peuple.

TITRE I

Éducation Générale du Mutualiste

CHAPITRE I

LA VALEUR SOCIALE DE LA MUTUALITÉ

ASSOCIATION — SOLIDARITÉ — MUTUALITÉ

L'idée d'Association

J'AI vu un jour ce tableau : « Au revers d'un mont, sous une tempête déchaînée, un petit groupe frissonnant. Ce sont des brebis surprises par la tourmente et qui se pressent, se blottissent les unes contre les autres, mues par l'instinct de conservation.

« Qu'est-ce que l'humanité, me disais-je ? Un troupeau aussi, un humble troupeau suspendu aux flancs escarpés d'un astre, la Terre, qui décrit dans le vide immense un orbe vertigineux à des distances écrasantes des milliers d'autres astres qui peuplent de leurs solitaires multitudes le champ de l'univers.

« Que pourrait bien attendre le pauvre troupeau humain de ces autres astres, planètes ou soleils, si lointains que leur énormité se fond en un point d'or et que leur vol se fige en immobilité.

• Rien assurément.

« Mais sous le vent de l'abîme, l'humain troupeau se presse, se serre, s'agrège, mû par l'instinct sacré de la conservation, et c'est la cité. »(1)

Cette éloquente image d'un écrivain contemporain nous semble propre à faire comprendre à nos lecteurs l'importance sociale de l'*association.*

Celle-ci, en effet, est imposée aux hommes, dès le début, soit qu'ils aient voulu subvenir à leurs besoins, soit qu'ils aient voulu se défendre contre la nature ou les animaux hostiles.

L'association est le fait social essentiel et primitif.

C'est encore par l'association que s'est développée, compliquée et perfectionnée la vie des premiers hommes, « nos ancêtres des cavernes ».

Mettant en commun leurs forces physiques et les ressources de leur esprit, ils inventent les armes de chasse, de pêche et les instruments nécessaires à la vie. A la caverne, succède la hutte; et de celle-ci lentement, insensiblement, à travers les siècles, par l'effort des générations unies et accumulées, sort la cité moderne, organisme colossal, qu'alimentent toutes les forces de la nature, bruyantes, agissantes, lumineuses; mais,

(1) Izoulet, *La Cité Moderne.*

cette fois, assagies et domptées par les mains des hommes. Voilà la merveille de l'association.

Elle est le principe même de tout progrès social ; elle crée la cité et, avec elle, tous les autres faits sociaux.

* * * * *

Importance prise de nos jours par l'idée d'association : La Solidarité.

C'est à notre époque que revient le mérite d'avoir étudié de près l'idée d'association. Elle ne s'est pas contentée d'en indiquer toute l'importance pour la formation des sociétés humaines ou animales, elle a voulu remonter à l'origine de l'association et en trouver le caractère essentiel.

Par delà les sociétés humaines et animales, notre science moderne a retrouvé l'association jusque dans l'individu. Celui-ci, en effet, n'est *un* qu'en apparence. En réalité, il est composé de parties associées, qui sont des organes, et les organes eux-mêmes sont composés de parties jusqu'à ce qu'on arrive aux cellules, dont l'association agissante et vivante forme la vie de l'individu.

La sociologie moderne a donc retrouvé l'association à l'origine même de la vie, *elle a constaté que l'association des cellules constitue les individus comme l'association des individus constitue les sociétés.*

Mais en remontant ainsi à l'origine de l'association, on est arrivé à découvrir son caractère essentiel. On s'est aperçu que, dans un individu, les parties associées le sont de telle façon qu'elles ne peuvent exister l'une sans l'autre. Ainsi, chez l'homme, le poumon ne saurait respirer si le cœur cessait de battre et, de même, si l'estomac ne fonctionnait plus, l'inertie gagnerait vite le cerveau. Les parties d'un tout vivant sont donc mieux qu'associées : elles sont *dépendantes les unes des autres;* elles se rendent mutuellement des services dont elles ne sauraient se passer. La vie de l'une retentit et se répercute dans toutes les autres : elles sont *solidaires.*

L'*association chez un être vivant enveloppe donc la solidarité, c'est-à-dire la dépendance mutuelle de ses parties et l'impossibilité où elles se trouvent de pouvoir vivre désunies.*

Or, nous le savons déjà, les sociétés sont des touts vivants, d'énormes individus, si l'on veut, dont les hommes sont les organes. L'association des individus constitue les sociétés comme l'association des cellules constitue les individus.

S'il en est ainsi, les sociétés et notamment les

sociétés humaines n'échapperont pas à la loi de solidarité que nous venons de définir, c'est-à-dire que les individus ne pourront s'y passer les uns des autres; que l'harmonie et le développement des vies individuelles fera la vie du tout; comme aussi leur désaccord, la mauvaise volonté ou l'ignorance de quelques-uns à jouer leur rôle dans l'organisme social, entraînera sa lente mais progressive destruction.

La solidarité est la loi sociale qui découle de l'association.

* * * *

La Solidarité morale.

Pourtant, en passant de l'individu aux sociétés, la notion de solidarité se transforme. *Mécanique* chez le premier, elle devient *libre* dans les secondes; par suite, *immédiate* et *définitive* dans l'organisme individuel, elle est *perfectible, soumise à des fluctuations* et, pour tout dire, dépendante de la bonne volonté humaine dans le corps social.

C'est en effet, *mécaniquement* et *fatalement*, que la vie agrège les éléments des individus et les relie par une solidarité nécessaire, dont elle ne les délie que pour la formation de nouveaux organismes ; par exemple, le cœur n'a pas effort à faire pour remplir, au centre du système vasculaire, son rôle de pompe aspirante et soufflante ainsi que pour distribuer le sang dans toute l'étendue de l'organisme animal, et, jusqu'à ce que la mort de l'individu termine son rôle, il obéit sans le savoir à la loi de solidarité qui unit les divers éléments dont il est une partie intégrante.

Au contraire, c'est *librement* et spontanément que les individus s'agrègent pour constituer les sociétés. Par suite, étant libres, leur solidarité dépend d'eux comme leur société elle-même. Elle a besoin, pour se réaliser et se perfectionner, d'être cultivée et reconnue par tous comme la plus utile des lois sociales.

Ainsi dans les sociétés humaines, la solidarité mécanique qui régit les individus fait place à une solidarité librement consentie et acceptée par tous. Elle devient *la solidarité morale*.

* * * * *

Le devoir de la Solidarité morale.

Ses principales formes.

L'action de l'individu qui appartient à un groupe social, c'est-à-dire à une *patrie*, est donc à double effet. Le premier effet se produit sur la vie de l'individu lui-même, considéré isolément; le second se fait sentir sur la vie plus ample du groupe social auquel il appartient. C'est de la même façon que le cœur agit tout d'abord pour sa vie propre et, en tant qu'organe distinct ensuite, pour contribuer à la vie de l'organisme auquel il appartient.

De cette constatation, nous allons pouvoir déduire la formule générale du devoir de solidarité: *Ce devoir nous impose d'agir de telle façon que notre action soit profitable à nous-mêmes et aux autres.*

Plus éloquemment, M. Léon Bourgeois a écrit: « Ce devoir consiste à mettre notre activité en état d'atteindre son plus haut degré d'énergie et de consacrer aussi complètement cette énergie au développement de l'œuvre commune. » (1)

Ces belles formules sont plus facilement exprimées que réalisées. Et il nous faut bien constater qu'elles sont loin de l'être complètement. Il se passera bien du temps encore avant que nos actions possèdent ce double caractère, d'être utiles à nous-mêmes et aux autres. Il faudra que nos groupes sociaux arrivent — s'ils y arrivent jamais — à un état d'équilibre et d'harmonie qu'ils ne connaissent pas encore.

Quoiqu'il en soit, nous apercevons d'ores et

(1) Léon Bourgeois : *Solidarité.*

déjà la forme essentielle du devoir de solidarité. Elle consiste à faire en sorte que les actions concertées des individus d'un même groupe social laissent ou donnent à chacun son minimum de bien-être, soit pour vivre, soit pour agir.

Il ne s'agit en aucune façon sans doute de niveler les fortunes ou d'égaliser l'initiative des citoyens. Chacun de nous, en ce qui le concerne, est maître de l'une et de l'autre, et la hiérarchie sociale ne doit pas disparaître. Il s'agit de ceci : que l'initiative ou la fortune de l'un, si elle est puissante, ne doit pas entraver ou diminuer celle des autres ; et de ceci encore, que de toutes les fortunes, de toutes les initiatives, doit tomber à la masse un élément, qui permette aux déshérités, aux vaincus, aux désespérés, sinon de se relever, du moins de vivre encore.

De cette tâche, l'État a voulu prendre sa part et l'augmenter chaque jour.

En sa forme négative et de défense, ce sont, par exemple, les lois sur la réglementation du travail. (Et voyez comme il s'agit bien en cela de l'accord des initiatives pour le bien-être de tous : si les patrons se voient trop réglementés, c'est au nom des ouvriers, dont ils ne pourront plus assurer les salaire, squ'ils protestent). Ce sont encore les lois sur les héritages, c'est la loi sur les syndicats, c'est la loi sur les associations.

En sa forme positive, cette tâche comprend, de

la part de l'État, l'établissement des services publics qui contribuent à la fois à la richesse individuelle et à la richesse publique. Ainsi l'industriel, qui donne un coup de télégraphe pour accepter ou prendre une commande, accomplit un acte essentiellement social, puisqu'il est susceptible d'être profitable et à lui et à ses ouvriers.

L'État réalise aussi d'une façon directe la forme positive du devoir de solidarité. C'est depuis longtemps l'Assistance Publique, c'était hier l'assistance aux vieillards infirmes et indigents, et ce sera demain la loi sur les retraites ouvrières.

Mais en sa forme la plus immédiate et la plus positive, qui consiste à prévoir pour chacun le minimum de bien-être, le devoir de solidarité s'impose plus à l'initiative privée qu'à l'État. Il prend dès lors un nom nouveau : La Mutualité.

* * * * *

Mutualité et Solidarité.

Nous avons vu que l'idéal de la solidarité consiste à assurer à tout individu du groupe social, ce minimum de bien-être, qui lui permette et de se reposer dans sa vieillesse et de consacrer au travail, pendant l'âge mûr, une pensée et des forces non diminuées par le souci. Il y va de l'intérêt individuel comme de l'intérêt général.

Ainsi le travailleur des champs ou de l'usine fournira sans doute un meilleur travail quotidien, s'il sait que ce travail assure à la fois le pain du lendemain et le pain de ses vieux jours. De même convient-il d'installer, sur toute l'étendue du groupe social, les services de santé qui, écartant de lui les épidémies ou les maladies, préserveront son activité de toute faiblesse.

Mais l'effort de l'État pour établir ce minimum de bien-être constitue une tâche fort délicate. Il est toujours à craindre, en effet, qu'il ne la réalise par les voies les plus rapides, c'est-à-dire en s'adressant à la bourse des plus riches, sans attacher l'initiative des plus pauvres à une amélioration sociale qui les intéresse individuellement avant d'intéresser le groupe social tout entier.

Le rôle de l'État dans la réalisation de la solidarité doit donc consister surtout à susciter l'initiative des particuliers et, au besoin, à la réglementer, puisque, voyant la vie du groupe social de plus haut, il en voit mieux l'ensemble.

Ainsi l'idéal serait que l'État constituât les caisses de retraites ouvrières, en s'appuyant sur les sociétés mutuelles de retraites approuvées. Il demanderait ainsi à l'initiative individuelle des intéressés l'effort qui s'impose à eux.

Nous en arrivons ainsi, par les propositions suivantes, à l'objet de ce petit livre :

La solidarité est la dépendance nécessaire des parties d'un individu les unes par rapport aux autres.

Dans les sociétés, considérées comme des individus, c'est-à-dire comme des organismes vivants, la solidarité s'appelle la *solidarité morale.*

Celle-ci ne se réalise et ne se perfectionne que par l'accord des bonnes volontés du groupe social.

L'État prend sa part dans la réalisation de la solidarité, mais il a tout intérêt à être largement aidé dans cette tâche par l'initiative privée.

En tant qu'elle réalise la solidarité librement, de son propre gré et de son propre effort, l'initiative privée fait de la *Mutualité.*

CHAPITRE II

Avantages, Définitions de la Mutualité

Avantages de la Mutualité.

Ouvriers de France, que vous soyez de la terre, de l'usine ou de l'atelier, petits employés de bureau ou de magasin, à vous tous, prolétaires en sarrau ou en jaquette, j'ai voulu, par les pages qui précèdent, donner une juste idée de la valeur sociale de la mutualité. Dès maintenant, vous en pouvez comprendre les avantages.

La Mutualité, c'est la vertu sociale qui vous rend forts pour la vie et au besoin contre elle. Isolé, chacun de vous ne peut se garantir ni contre la maladie, ni surtout contre la vieillesse. Incorporé à une organisation collective, votre effort double au contraire ses résultats, vous verrez plus loin comment.

La Mutualité, c'est ce qui vous rend non pas riches (éloignez de vous les chimères), *mais ca-*

pables de profiter de la vie pour un minimum de bien-être. Il y a un abîme en effet entre celui qui possède juste le nécessaire et celui qui, ne possédant rien, côtoie, tout en vivant, la misère et la mort; beaucoup de biens sont à la portée de notre main dans la nature, pourvu que l'inquiétude du lendemain ou la misère ne nous empêchent pas d'en profiter.

Imaginez, par une belle après-midi de printemps, une famille prévoyante et une autre qui ne l'est pas. Pour la première, où le père se sait assuré contre la vieillesse par une société mutuelle de retraites, contre la mort par la contre-assurance, contre la maladie par une société de secours mutuels, ce ne sera pas le bonheur sans doute (où est-il du reste?); ce seront au moins quelques moments paisibles de détente et de repos sous le soleil, parmi la nature renaissante. De tous ces biens, la seconde famille ne profitera pas, bien qu'ils lui appartiennent comme à la première, si le souci du lendemain l'obsède et allonge sur elle son ombre triste.

La Mutualité, c'est ce qui vous rend prévoyants. Il n'y a que le premier pas qui coûte. Et si vous avez le courage d'assurer l'avenir lointain, combien serez-vous plus forts pour assurer celui qui est plus proche! Payez mensuellement votre cotisation à une société mutuelle, et ce sera bien la meilleure assurance, que vous puissiez vous donner à vous-mêmes, de payer votre boulanger, votre boucher ou votre propriétaire. Car cet effort qui assure les besoins présents est moins pénible que le premier, qui vise un plus lointain avenir.

La Mutualité c'est ce qui vous rend libres, indépendants, et fortifie vos initiatives. Aidez-vous d'abord mutuellement et l'État vous aidera ensuite. Vous gagnerez d'être aidés plus vite et mieux; vous y gagnerez aussi d'avoir fortifié pour d'autres tâches votre activité et votre initiative, c'est double gain ; la France y perdra bien quelques orateurs, elle en a déjà beaucoup trop; mais elle y gagnera de bons citoyens et des travailleurs courageux, elle n'en aura jamais assez.

Que si d'ailleurs, par vos efforts associés, par la mutualité, vous donnez au pays l'exemple de cohortes disciplinées, allant vers un but, organisant d'elles-mêmes la prévoyance sous toutes ses formes, alors, soyez-en sûrs, *les appuis ne vous manqueront pas.*

A l'État, ceux qui président vos sociétés iront demander cette aide qu'il n'a jusqu'ici qu'insuffisamment donnée. Et vous l'obtiendrez sans rien aliéner de votre indépendance.

Aux particuliers, aussi, tous ceux qui veulent du bien à la mutualité demanderont d'être plus nombreux et plus généreux ; et autour de vos œuvres déjà prospères, les membres honoraires se multiplieront pour les rendre plus prospères encore.

Tranquillité, prévoyance toujours accrue dans l'indépendance, voilà ce que vous donne la mutualité.

* * * * *

Définition de la Mutualité et de la Société de Secours mutuels.

Et maintenant que nous avons bien vérifié les alentours de notre sujet, nous pouvons en prendre possession définitivement.

Qu'est-ce que la Mutualité?

C'est l'aide de chacun par chacun dans un groupe d'individus qui s'est librement constitué. Nous sommes dix, vingt, cent, mille, dix mille ; nous décidons de nous défendre contre la maladie. A cet effet, chacun de nous verse une cotisation. Ceux qui sont atteints touchent un secours en rapport avec les cotisations versées. Voilà une première application de la Mutualité.

Et de même, pouvons-nous par la Mutualité nous garantir personnellement soit contre la mort, soit contre la vieillesse; prendre même, par une garantie au second degré : la contre-assurance, (1) des dispositions telles que les familles profitent des précautions réalisées en notre nom.

Ainsi définie, la mutualité se distingue de l'assistance et de la charité.

Dans la mutualité, en effet, nul n'oblige et nul n'est obligé, attendu que, pour s'assurer ensemble contre ces mêmes risques, les mutualistes poursuivent individuellement le même effort. Ainsi, ne sont-ils redevables de rien à la collectivité mutualiste, pas plus que celle-ci, d'ailleurs, ne leur est redevable. Ils ne sont liés à elle ni par une *dette*, ni par une *créance*, mais par un *contrat*.

Ce n'est pas le cas dans l'*assistance* et dans la *charité*, où, des deux parties, l'une oblige et l'autre est obligée. Dans le cas de l'assistance, c'est l'Etat qui oblige ; dans le cas de la charité, c'est le particulier.

* * * * *

De l'idée pure de la Mutualité à la Société de secours mutuels. Définition de cette dernière.

Mais comprenons bien ceci. Les groupes mutualistes sont des associations d'ordre secondaire

(1) La contre-assurance est l'assurance de l'assurance c'est-à-dire le remboursement des cotisations en cas de décès.

dans la nation. Par suite, l'Etat a le droit d'exercer sur elles son contrôle. Il l'a toujours fait, et l'histoire de la mutualité française pourrait être l'histoire de ses rapports avec l'Etat. Sans entrer dans le moindre développement sur l'histoire de la mutualité en France, arrivons immédiatement à la formule contemporaine de la mutualité française, qui est contenue dans la loi du 1er avril 1898. (1)

Dans son article premier, celle-ci nous renseigne sur les différents objets que peut se proposer actuellement en France l'idée mutualiste : « Les sociétés de secours mutuels sont des associations de prévoyance, qui se proposent d'atteindre un ou plusieurs des buts suivants : assurer à leurs membres participants et à leurs familles des secours en cas de maladie, blessures ou infirmités ; leur constituer des pensions de retraites ; contracter à leur profit des assurances individuelles ou collectives en cas de vie, de décès ou d'accidents ; pourvoir aux frais des funérailles et allouer des secours aux ascendants, aux veufs, veuves ou orphelins des membres participants décédés.

(1) Dans son savant *Commentaire de la loi*, M. Barberet divise en trois périodes l'histoire de la Mutualité française. La première remonte à dix siècles et fait corps avec le compagnonnage et les confréries religieuses. La loi de 1852, qui accorde la personnalité civile aux sociétés de secours mutuels, ouvre la seconde période. La troisième date de la loi du 1er avril 1898.

Elles peuvent, en outre, accessoirement, créer, au profit de leurs membres, des cours professionnels, des offices gratuits de placement, et accorder des allocations en cas de chômage, à la condition qu'il soit pourvu à ces trois ordres de dépenses au moyen de cotisations ou de recettes spéciales. »

Cet article trace à la mutualité ses limites, et, de fait, on peut répartir les sociétés, qui se sont formées conformément aux dispositions ci-dessus énoncées, entre les deux groupes suivants :

Sociétés de Secours mutuels proprement dites. Elles donnent notamment les secours médicaux, pharmaceutiques, l'indemnité en cas de maladie, de décès, d'accident, d'accouchement, et pourvoient aux frais des funérailles des membres participants. Elles donnent également des pensions de retraites (1).

Accessoirement et nous verrons comment ces sociétés peuvent avoir pour objet : le chômage, le placement gratuit, les cours professionnels.

Les sociétés de retraites. Elles ont pour but de fournir à leurs adhérents des avantages pécuniaires, en échange de la cotisation versée. Ces

(1) Autrefois les pensions de retraites étaient faites d'une façon accessoire par bon nombre de sociétés de secours mutuels ; il n'en est plus de même aujourd'hui, d'importantes sociétés, ne prévoyant que la retraite, ont été établies d'une manière scientifique, telles que *La Boule de Neige*, *La France Prévoyante* à Paris, *La Marseillaise* à Marseille.

avantages peuvent être fournis de façon différente :

Sous forme de pensions de retraites.

Sous forme d'allocation au décès.

* * * * *

Situation générale de la Mutualité en France.

Le rapide développement de l'idée mutualiste en France, pendant les vingt dernières années, sera l'un des phénomènes sociaux les plus importants de notre histoire à la fin du siècle précédent et au commencement de celui-ci. Il semble qu'on pourrait attribuer ce développement aux trois causes suivantes :

1° Tout d'abord le ***régime de liberté***, qui a été donné aux sociétés de secours mutuels et dont nous aurons l'occasion de reparler.

2° La ***propagande*** faite sur tous les points du pays en faveur de l'idée mutualiste et dont le mérite doit être reporté surtout à nos grandes sociétés de retraites : ***La Boule de Neige***, par exemple.

3° *L'incessante transformation des conditions de la vie moderne, qui augmentent de plus en plus la faiblesse de l'individu isolé.*

C'est plus que jamais, en effet, qu'il faut répéter le mot : *Vœ soli, Malheur à celui qui est seul.*

Partout, à l'atelier, à l'usine, au magasin, au bureau, le travail est intense. Une concurrence formidable impose au patron de demander à celui qu'il emploie son maximum d'effort. Et la machine humaine fléchit souvent sous la tâche. C'est la maladie. Prolétaires de toutes les classes, aurez-vous jamais la force, si vous n'entrez dans une société de secours mutuels, de faire, pendant que vous travaillez, les économies nécessaires aux jours maigres, ceux pendant lesquels le chômage ou la maladie s'installent au foyer.

La vieillesse est toujours arrivée trop tôt pour tous les hommes. Mais, plus que jamais, à notre époque de travail à outrance, elle semble pressée de nous atteindre et de resserrer les bornes de notre vie. Et c'est dès vingt ans que les prévoyants songent à s'assurer la pension de retraite, bâton de la vieillesse. Il est pénible parfois de donner sa cotisation mensuelle : c'est un dîner, une partie de plaisir, un petit objet de luxe qui paraissent bien tentants. Mais plus tard, quand la vieillesse est venue, la mutualité reprend à leurs yeux sa véritable image, celle qui est si bien représentée sur les affiches de la société de retraites *La Boule de Neige :* l'image d'une fée bienfaisante distribuant le contenu de sa bourse à deux vieillards qui la remercient.

En dehors de la vieillesse, de la maladie et du chômage, il est d'ailleurs d'autres raisons qui expliquent la diffusion bienfaisante de l'idée mutualiste.

C'est avant tout *l'imprévu* de la vie pour chacun. Nous ne sommes plus au temps où le fils succédait au père, pendant des générations, soit dans un même commerce, soit dans la culture du petit domaine. En dix ans, la physionomie d'une région se transforme; de nouveaux centres d'activité sont créés, d'autres disparaissent. De grands commerces viennent écraser les petits; la vaste exploitation agricole englobe les petits domaines. L'outillage renouvelle les industries. Au cours de ces bouleversements profonds, qui en peu de temps transforment un département, une région, les individus se trouvent ballottés, soumis, dans leur façon de gagner leur vie, aux plus rudes fluctuations. Que leur faut-il pour suppléer aux interruptions dans les traitements, les salaires, les petits bénéfices : des économies. Et quelle organisation est la plus efficace pour les susciter et les augmenter : *la Mutualité.*

En ce qui concerne les sociétés de retraites, *la diminution de la valeur de l'argent* est aussi l'une des causes de leur rapide progression. L'argent, en effet, ne rapporte plus guère aujourd'hui que de 2,50 à 3 %.

Dans les sociétés de retraites approuvées, le produit des cotisations jouit d'un intérêt de faveur de 4,50 %. D'autres avantages tenant à leur organisation et sur lesquels nous reviendrons (1) permettent d'élever de beaucoup cet intérêt. En sorte qu'il est permis de dire que maintenant le vrai placement des petites bourses, c'est la caisse mutualiste.

Mais revenons à nos chiffres. Ils sont empruntés au rapport sur les opérations des sociétés de secours mutuels, publié par le Ministère de l'Intérieur.

Au 31 décembre 1901, le nombre total des sociétés s'élevait à 14.872.

L'effectif était de 2.718.002 se décomposant en 358.189 membres honoraires et en 2.359.813 membres participants.

Au 30 septembre 1903, le nombre des sociétés, fondées depuis le 1er janvier 1902, s'élevait à 1.681.

Au 1er janvier 1904, les sociétés étaient environ au nombre de 1700.

D'après les renseignements contenus dans les documents officiels, on peut évaluer que l'effectif atteint à cette date

trois millions de mutualistes

Trois millions de mutualistes! Il faut réfléchir

(1) Voir page 79.

à ce nombre, qui est le treizième environ de la population française, et supposer par là les avantages que les mutualistes, désormais capables de s'imposer, ne tarderont pas à retirer des pouvoirs publics.

Les recettes totales recueillies par les sociétés de secours mutuels ont été, en 1901, de *cinquante millions,* (exactement 49.437.904 fr. 64).

On voit qu'il s'agit de sommes formidables et que le mouvement mutualiste mérite d'attirer toute l'attention du prolétariat. Mieux que par les meilleures phrases, nous espérons, d'ailleurs, que cette attention sera retenue par le tableau suivant marquant la progression de la mutualité de 1891 à 1903 :

	Nombre de sociétés	Effectif mutualiste
1891	9.144	1.472.285
1892	9.662	1.503.397
1893	9.997	1.540.462
1894	10.328	1.583.469
1895	10.588	1.599.438
1896	10.960	1.736.208
1897	11.355	1.804.592
1898	11.825	1.909.479
1899	13.030	2.194.757
1900	13.991	2.158.477
1901	14.872	2.718.002
1903	17.000	3.000.000

Ainsi, en douze ans, le nombre des sociétés de secours mutuels en France a presque doublé et l'effectif mutualiste a plus que dépassé en rapport.

CHAPITRE III

L'État et la Mutualité

L'État et les sociétés de secours mutuels.

Son contrôle et son aide.

La question des retraites ouvrières.

Mutualistes, disions-nous précédemment, aidez-vous réciproquement, l'État vous aidera ensuite. Nous entendions dire par là :

1° Que la solidarité et, par suite, l'harmonie entre les individus d'un groupe social, doit naître de l'initiative privée. Si l'on attend cette harmonie de l'État, on risque de l'accabler sous des charges écrasantes et d'entraîner les citoyens sur la pente de revendications chaque jour plus impérieuses.

2° Que l'État doit toute sa sollicitude à la Mutualité, c'est-à-dire à une initiative qui réalise une partie de cette œuvre de solidarité, qui ne peut lui incomber complètement, mais à toutes les manifestations de laquelle il doit accorder sa plus entière protection.

De fait, l'ingérence de l'État dans l'œuvre mutualiste se traduit de deux façons, par son contrôle et par son aide. Successivement nous allons étudier l'un et l'autre.

* * * * *

Le contrôle de l'État.

Étant donnée la loi du 1er Avril 1898 qui ouvre à la Mutualité tous les domaines sur lesquels elle puisse raisonnablement s'exercer (1) et qui simplifie à l'extrême les formalités nécessaires à la constitution d'une société (2), le contrôle de

(1) Voir l'art 1 de cette loi, page 30.

(2) Art. 4 de la loi : « Un mois avant le fonctionnement d'une société de secours mutuels, ses fondateurs devront déposer en double exemplaire : 1° les statuts de ladite association ; 2° la liste des noms et adresses de toutes les personnes qui, sous un titre quelconque, seront chargées à l'origine de l'administration et de la direction.

Le dépôt a lieu, contre récépissé, à la sous-préfecture de l'arrondissement où la société a son siège social, ou à la préfecture du département.

Le maire de la commune en est informé immédiatement par les soins du préfet ou du sous-préfet. »

On voit que les formalités sont réduites au strict minimum. L'art. 5 détermine l'objet des statuts. Il existe d'ailleurs, à l'usage des fondateurs de sociétés de secours mutuels, des statuts-modèles qui sont délivrés gratuitement par le Ministère de l'Intérieur (Direction de la Mutualité).

l'État est devenu moins une surveillance qu'une garantie pour les mutualistes. Est-il besoin, en effet, de rappeler que ceux-ci versent à une caisse privée des économies péniblement acquises. C'est, dès lors, le devoir de l'État de protéger ces économies soit contre l'utopie, soit contre l'improbité.

* * * * *

Le placement des fonds.

Le contrôle de l'État porte tout d'abord sur le placement des fonds. Pour empêcher les sociétés de secours mutuels de se lancer dans des opérations aventureuses, les articles 15 et 20 de la loi précisent la nature de ces placements. Ainsi les sociétés dites libres, c'est-à-dire qui se sont contentées de la simple déclaration, ne peuvent posséder d'autres immeubles que ceux qui sont exclusivement affectés à leurs services. D'autre part, les sociétés approuvées par arrêté ministériel ainsi que les sociétés reconnues d'utilité publique doivent effectuer leurs placements en dépôt aux caisses d'épargne, à la Caisse des Dépôts et Consignations, en rentes sur l'État, bons du Trésor ou autres valeurs créées ou garanties par l'État, en obligations des départements et des communes, du Crédit Foncier de France ou des Compagnies françaises de chemins de fer qui ont une garantie de l'État. Les deux catégories de sociétés précitées peuvent en outre posséder et acquérir des immeubles jusqu'à concurrence des trois quarts de leur avoir, les vendre ou les échanger. De plus, ces opérations ayant un caractère nettement commercial, le législateur a voulu les entourer d'une nouvelle garantie : « Pour être valables, elles devront être votées à la majorité des trois quarts des voix, par une assemblée générale extraordinaire composée au moins de la moitié des membres de la société, présents ou représentés. »

Enfin, pour éviter des translations de fonds ou opérations sur ces derniers, le même article prescrit que : « les titres et valeurs au porteur appartenant aux sociétés de secours mutuels approuvées seront déposés à la Caisse des Dépôts et Consignations qui sera chargée de l'encaissement des arrérages, coupons et primes de remboursement de ces titres, et en portera le montant au compte de chaque société. »

* * * * *

L'emploi des fonds.

Le contrôle de l'État porte non seulement sur le *placement* des fonds, mais sur leur *emploi*.

Nous avons vu, en effet, que l'article 1er de la loi de 1898 indique à quelles fins peuvent se consacrer les sociétés de secours mutuels.

* * * * *

La répartition des fonds.

Enfin, et c'est la chose la plus importante, l'Etat veille à la *répartition* des fonds. Il faut citer, en effet, l'article 2 tout entier : « Ne sont pas considérées comme sociétés de secours mutuels les associations qui, tout en organisant, sous un titre quelconque, tout ou partie des services prévus à l'article précédent, créent au profit de telle ou telle catégorie de leurs membres et au détriment des autres, des avantages particuliers.

« Les sociétés de secours mutuels sont tenues de garantir à tous leurs membres participants les mêmes avantages, sans autre distinction que celle qui résulte des cotisations fournies et des risques apportés. » C'est cet article qu'on a résumé dans la formule bien connue et si claire d'ailleurs qu'elle n'a pas besoin d'être commentée : *A charges égales, droits égaux.*

Le contrôle de l'Etat s'exerce donc à la fois sur le *placement, l'emploi* et la *répartition* des fonds provenant des sociétés de secours mutuels.

4.

C'est ce que vous ne devez pas oublier vous tous qui, à la fin de chaque mois, versez votre obole dans les caisses de nos sociétés mutualistes. Vous le confiez sans doute à l'honnêteté et à l'intégrité de mutualistes qui sont vos pairs, que vous avez chargés d'administrer vos humbles deniers et sur lesquels vos statuts vous permettent d'exercer un incessant contrôle. Mais vous le versez, avant tout, sous la sauvegarde de l'Etat qui, très sagement, n'a pas voulu que le merveilleux développement de l'idée mutualiste lui fût étranger, et a pris des mesures suffisantes pour concilier la liberté à laquelle cette idée a droit, avec la direction dont elle a besoin.

* * * * *

L'aide de l'Etat.

Nous touchons ici à l'une des questions qui intéressent le plus gravement l'avenir de la mutualité, à l'une de celles que nul mutualiste ne doit ignorer. Car, en tant qu'électeur, il lui appartient de la faire résoudre par les élus dans un sens qui lui soit plus favorable.

Notre programme est en effet celui-ci : *La Mutualité se formant et se développant en dehors de l'État. — La Mutualité contrôlée par l'Etat.— La Mutualité largement aidée par l'Etat.*

Les deux premiers points du programme sont déjà réalisés. C'est aux mutualistes de hâter la réalisation du troisième. Voici, du reste, pour les aider dans cette tâche, des arguments que nous croyons sans répliques.

L'Etat a le devoir d'aider la Mutualité, parce que celle-ci est dans la nation un élément d'ordre et de paix.

Le mutualiste est un citoyen éclairé qui croit au progrès social, qui cherche à le réaliser, mais par des moyens pacifiques et raisonnables. Il est éloigné à la fois de l'utopie et de la révolution. Il est travailleur, homme pratique, citoyen honnête, bon Français. Notamment, les mutualistes de ce pays sont déjà trois millions. Dans dix ans, ils seront le double. C'est autant d'activités acquises à la cause de l'ordre et du progrès par la paix, ennemies des revendications violentes et des phrases creuses. Ils aident puissamment, dès maintenant, à la bonne organisation de l'État, à la prospérité et à la force de la nation française. Dès lors, serait-il admissible que les pouvoirs publics n'accordassent pas leur meilleur et leur plus vif intérêt à une phalange de citoyens aussi honorables et aussi utiles au groupe social.

Mais voici qui est mieux : *l'Etat a tout intérêt à aider la Mutualité.*

Car un mutualiste de plus, c'est un client de moins pour l'Assistance publique et un client qui lui reste fidèle. Ainsi que le fait remarquer M. Barberet dans son *Commentaire de la loi du 1er Avril 1898*, il est bien rare qu'un assisté ne cherche pas à devenir un habitué de l'Assistance publique et à s'en faire des moyens continus d'existence. Dans ce cas, comme en beaucoup d'autres, il n'y a que le premier pas qui coûte ; la récidive se produit en quelque sorte d'elle-même et les récidivistes sont bientôt des mendiants et des paresseux.

« Au contraire, un mutualiste qui demanderait des secours à l'Assistance publique froisserait la dignité de la société à laquelle il appartient et ses co-sociétaires aimeraient mieux, si besoin était, lui accorder une allocation extraordinaire que de lui voir faire un acte de mendicité déguisée. »

Ce que l'Etat donnerait d'une main à la Mutualité, il le retrouverait de l'autre sur l'Assistance publique. Car en favorisant les recrues mutualistes, il diminue, comme nous venons de le voir, la clientèle de l'Assistance.

Or, que donne l'Etat, par an, à l'Assistance publique ? *Deux cents millions.*

Que donne-t-il à la Mutualité ? *cinq millions* (1).

(1) La loi de finances, promulguée le 31 Décembre 1903, portant fixation du budget général des dépenses, répartit ainsi la contribution de l'Etat.

Ce rapprochement dispense de commentaires. Nous venons de mettre à la disposition de nos lecteurs mutualistes, les arguments qu'ils pouvaient faire valoir auprès de leurs élus pour augmenter cette contribution.

Ils sont le nombre, donc la force, à eux d'agir.

* * * * *

La question des retraites ouvrières.

La question des sacrifices que doit consentir l'Etat en faveur des sociétés de secours mutuels

Subventions aux sociétés de secours mutuels.	1.800.000
Subventions aux sociétés de secours mutuels qui ne constituent pas de retraites........	375.000
Majoration des pensions de retraites des membres de sociétés de secours mutuels..... .	400.000
Bonification d'intérêts aux sociétés de secours mutuels.........	2.700.000
	5.275 000

A ce crédit, il faut ajouter un revenu annuel de 510.000 fr. provenant d'une dotation de 10 millions, prélevée en vertu du décret du 27 Mars 1852, sur le produit de la vente des biens de la famille d'Orléans.

Il convient également d'attirer l'attention des mutualistes sur les subventions à demander aux communes et aux départements.

Les subventions départementales se sont élevées, en 1901, à 194.763 fr. 49, et les subventions communales, la même année, à 549.946 fr. 26.

nous amène tout naturellement à celle, plus large et plus importante, des retraites ouvrières. Nous l'abordons volontiers, d'abord parce que, d'elle-même, elle présente le plus vif intérêt, ensuite parce qu'une rapide étude de cette question nous permettra de montrer une nouvelle fois que la Mutualité touche aux plus brûlantes questions sociales de notre époque.

* * * * *

Comment se pose le problème?

Les conditions de la vie moderne sont telles que, d'une part, il est impossible à l'ouvrier de faire sur son salaire des prélèvements suffisants pour se constituer une retraite pour la vieillesse et, que d'autre part, dès la soixantaine, il rencontre de grosses difficultés à gagner sa vie.

Or, c'est un devoir pour l'Etat de tirer le prolétariat de cette impasse par les *Retraites ouvrières*. Il ne peut en effet se désintéresser, dès que l'âge ne leur permet plus la vie active, de tous ceux qui, par leurs bras ou les humbles efforts de leur pensée, ont conservé et accru le patrimoine national.

C'est à l'État qu'il appartient de résoudre le problème des retraites ouvrières.

* * * * *

Quel doit être le rôle de l'Etat ?

Dire que l'Etat doit résoudre le problème, ce n'est pas dire qu'il doit assumer toute la charge de la solution ; en d'autres termes, assurer entièrement les retraites du prolétariat avec les ressources des contribuables.

Ce serait donner une prime soit à la paresse, soit à l'insouciance. Il se pourrait, en effet, que beaucoup d'ouvriers attendissent l'heure de la retraite nationale, sinon dans une demi-oisiveté, du moins en travaillant juste assez pour subvenir à leurs besoins personnels. En outre, ce serait grossir d'une façon énorme notre budget des dépenses, déjà si lourd.

On a proposé, dès lors, que l'Etat organisât lui-même les retraites ouvrières, en prélevant, tant sur les salaires des ouvriers, que sur les bénéfices des patrons, des cotisations dont il grossirait le total par une bonification annuelle.

Si rationnelle que soit cette solution, elle ne nous satisfait pas. Voici pourquoi :

Si l'Etat intervient directement dans la constitution des retraites ouvrières, où s'arrêtera sa contribution ? Il est aisé de prévoir que, chaque année, les intéressés demanderont que cette contribution soit plus grande, qu'ils seront soutenus par leurs élus, qui ne voudront ou ne pourront leur déplaire, et qu'ainsi peu à peu les retraites ouvrières deviendront une nouvelle forme de l'assistance.

L'action de l'Etat, dans la constitution des retraites ouvrières, doit donc s'exercer, à notre avis, par *un contrôle et une subvention, mais non par une intervention directe.*

Celle-ci aboutirait à une *main-mise totale qui serait aussi préjudiciable à l'initiative et par suite au bien-être des intéressés qu'à l'ensemble de la nation.*

* * * * *

Où reparaissent les sociétés mutuelles de retraites.

Dans ses grandes lignes, la solution la meilleure semble donc être celle-ci :

1° L'Etat laisserait aux ouvriers, aidés très largement des patrons, le mérite et la peine du premier effort pour la création de la retraite. *Il laisserait se constituer, en dehors de lui, la Caisse des retraites ouvrières.*

2° L'Etat favoriserait et récompenserait cet effort par une large subvention.

3° Comme il est à prévoir que cet encouragement serait insuffisant, l'Etat exercerait un contrôle sévère sur le versement des cotisations, de façon à rabattre sur les caisses de retraites, autant que possible, les insouciants, les indifférents, les paresseux, les irréguliers.

Mais, dès lors, si l'on admet le principe que l'État doit laisser se constituer en dehors de lui les Caisses de Retraites ouvrières, il faut bien admettre que celles-ci peuvent être abritées par de grandes sociétés mutuelles de retraites *approuvées*.

Celles-ci ont fait leurs preuves (1). Elles ont su se développer avec une rapidité inespérée et s'administrer avec la plus grande sagesse. Elles ont donné au gouvernement et à l'Etat une preuve de leur loyalisme, en mettant leurs statuts en accord avec la loi du 1er Avril 1898, dès l'apparition de cette loi. Comme nous l'avons montré, le placement et la répartition de leurs fonds sont sévèrement contrôlés.

Rien n'empêche donc que ces sociétés deviennent les plus importants organes de cette amélioration sociale si attendue : *La création des Retraites ouvrières*.

(1) Parmi les grandes sociétés de retraites approuvées, nous citerons *La Boule de Neige*.

* * * * *

Ce qu'il faut savoir.

Mutualistes de la première et même de la deuxième heure, mutualistes de maintenant et de jadis, vous comprenez dès lors le rôle que vos sociétés peuvent et doivent tenir dans la constitution des Retraites ouvrières.

Elles y ont droit, parce que, les premières, elles ont donné l'exemple et ont su constituer les Retraites ouvrières.

Elles y ont droit, parce qu'elles s'administrent sagement et que l'Etat les contrôle.

Elles y ont droit, parce qu'elles ont droit à bénéficier de cet énorme effort que l'État fera pour les Retraites ouvrières, alors que, jusqu'ici, vous avez vu qu'elles ne bénéficiaient que d'une trop faible subvention.

Mutualistes, vous êtes dès maintenant instruits de ce que vous pouvez demander, à vous d'agir.

Il ne sera pas dit que ceux qui, depuis de nombreuses années, se sont engagés, volontairement et spontanément, sur la voie de la prévoyance, seront moins bien traités que ceux qui viendront demain seulement, poussés et presque contraints.

TITRE II

Éducation pratique du Mutualiste

CHAPITRE IV

Sociétés de Secours Mutuels

Ainsi que nous l'avons dit précédemment, la Mutualité moderne nous offre deux grandes manifestations d'un ordre tout à fait différent.

La première, la plus ancienne, consiste en l'établissement de Sociétés de secours mutuels proprement dites. On pourrait faire remonter celles-ci, en France, aux *Sociétés compagnonniques* et aux *Confréries*. Son but essentiel est d'apporter au mutualiste, en des cas urgents, des secours soit en argent, soit en nature.

La seconde forme de la Mutualité est la plus récente : à peine date-t-elle de vingt ans. Elle a pour but d'assurer à date fixe au mutualiste une pension viagère. *La Boule de Neige*, *la France Prévoyante* sont les sociétés qui ont jusqu'ici réalisé avec le plus de succès cette seconde forme de la Mutualité. Elle est, d'ailleurs, de beaucoup la plus importante et la plus intéressante.

5.

* * * * *

Les Sociétés de secours mutuels proprement dites.

Ce sont essentiellement des sociétés locales, dont l'action ne dépasse guère la commune dans laquelle elles ont été fondées. Ces sociétés sont, par suite, les plus nombreuses. On peut en compter, aujourd'hui, environ 16,000 sur le territoire de la France ; parmi celles-ci, 4,000 sociétés environ sont des sociétés *professionnelles*, c'est-à-dire composées de mutualistes appartenant à la même profession. Voilà, nous l'espérons, les Syndicats de l'avenir. Ils font passer les économies avant les revendications et n'en sont, d'ailleurs, que plus forts pour faire valoir ces dernières.

Les sociétés de secours mutuels, qui sont mixtes le plus souvent, donnent avant tout les secours des médecins et des pharmaciens en cas de maladie, ainsi que l'indemnité quotidienne. On préconise également le secours en cas d'accouchement, qui commence à se généraliser, mais qui ne doit être délivré qu'à la condition que la femme ne se lève pas pendant la période minimum indiquée dans les statuts, A l'association mutuelle des femmes de Rouen, l'indemnité journalière d'accouchement est délivrée pendant quatre semaines. Il semble d'autre part qu'on ne puisse descendre au-dessous d'un minimum de dix jours. La plupart des sociétés pourvoient aux frais de funérailles de leurs membres participants. Certaines mêmes donnent une allocation au décès. Il est à souhaiter que, non seulement une délégation, mais la société tout entière assiste aux obsèques d'un de ses membres défunts. D'abord, c'est une consolation pour la famille et un réconfort même, pour les membres vivants de la société, de se sentir ainsi soutenus. C'est surtout le meilleur moyen qu'ils aient de montrer leur solidarité, la valeur sociale et morale de leur société, et d'attirer ainsi vers eux la générosité des membres honoraires.

La cotisation mensuelle la plus répandue parmi les sociétés de secours mutuels est de un franc, soit douze francs par an. D'après les rapports officiels sur les opérations des sociétés de secours mutuels en France, cette cotisation de 12 francs est absorbée de la façon suivante :

1° Soins médicaux	2	»
2° Dépenses pharmaceutiques	2	50
3° Indemnités de maladies	3	50
4° Frais funéraires	0	50
5° Secours aux veuves, orphelins et vieillards	2	50
6° Frais de gestion et dépenses diverses	1	»
TOTAL	12	»

L'indemnité de maladie, calculée à 3 fr. 50 permet de fournir une indemnité journalière de 0,50 à 0,75 pendant trois mois. Le fonds de retraites dans les sociétés qui ont organisé ce service est généralement constitué et alimenté à l'aide de cotisations des membres honoraires. Ce fonds est appelé *fonds commun*, c'est-à-dire qu'il appartient en commun à tous les membres de la société et que ceux d'entre eux qui sont arrivés à un certain âge s'en répartissent les revenus. Comme nous le verrons, le système du *fonds de retraite* ou *fonds commun* est opposé au système du *livret individuel* délivré par la Caisse Nationale de retraites pour la vieillesse dont chaque mutualiste reste propriétaire.

Il y a lieu de remarquer, d'ailleurs, que les pensions servies par les sociétés de secours mutuels ne sont guère qu'un secours et qu'elles ne peuvent pas être comparées, au point de vue de l'importance et du nombre, aux pensions des sociétés mutuelles de retraites.

* * * * *

Les Unions de sociétés.

Sinon pour les pensions de retraite, du moins pour tous les autres avantages qu'elles procurent, l'action des sociétés de secours mutuels a été élargie par la création des *Unions de Sociétés*. Les Unions formées en vertu de l'article 8 de la loi du 1er Avril 1898, ont pour but, en effet, de créer des *services nouveaux inaccessibles aux sociétés isolées*. Il s'agit, en réalité, d'un groupement au second degré.

De ce groupement peuvent sortir des *pharmacies mutualistes*, à la condition que ces officines soient gérées par des pharmaciens diplômés et qu'elles ne vendent pas au public, mais seulement à leurs membres.

D'une façon générale, les Unions peuvent améliorer les services pharmaceutiques et médicaux, en amenant une réduction dans les dépenses.

Un autre avantage des Unions consiste encore à faciliter le passage d'un mutualiste d'une société dans une autre, pour cause de changement de résidence.

Enfin l'art. 8 autorise les Unions à organiser le service du *placement gratuit*.

En un mot, les Unions sont tout à fait recommandables parce qu'elles donnent plus de régularité et de sûreté au service des secours mutuels. Elles en élargissent l'action, d'autre part, en permettant aux Sociétés, par des assurances communes, de pourvoir aux risques à long terme et aux maladies de longue durée.

Les Unions sont constituées en vue de buts prévus, que nous venons d'indiquer. Aussi respectent-elles l'autonomie des sociétés qui les composent ; tout ce qu'elles peuvent faire, c'est de proposer des améliorations que les Sociétés peuvent accepter ou écarter.

Il y a des statuts pour régir les Unions comme les Sociétés.

* * * * *

L'apprentissage de la Mutualité.

De cette revue rapide que nous venons de faire des avantages de la société de secours mutuels, il ressort bien que nul prolétaire ne doit y rester étranger. Elle l'assure contre des risques immédiats toujours très graves pour lui : la maladie et la gêne, sinon la misère qui en résulte pour la famille. M. Cheysson a calculé qu'en France, sur une population ouvrière de 10 millions, un quart de l'effectif total est, chaque année, atteint par la maladie. Ce qui représente un effectif total de 2,500,000 malades, auxquels il y aurait à fournir une indemnité de 50 millions de journées de maladies.

On voit, par là, l'œuvre immense de solidarité qu'ont à remplir les sociétés de secours mutuels. Il s'en faut qu'elles soient actuellement assez puissantes et surtout assez nombreuses pour être à la hauteur de cette tâche. Car, d'après un patient calcul fait par M. Hébrard (1), la proportion pour cent des communes mutualistes va jusqu'à 10 % pour vingt-huit départements, 20 % pour vingt-sept, 38 % pour vingt, 52 % pour dix, 66 % pour un département et 64 % pour la Seine. Ces résultats sont déjà appréciables. Mais cependant que de tristes lacunes sont encore à combler!

Vous tous donc, maires, conseillers municipaux, conseillers généraux, députés, sénateurs, médecins, avocats, qui, par vos fonctions, êtes plus particulièrement chargés d'enseigner le devoir social, faites valoir, à tous ceux qui s'obstinent à ne point vouloir les reconnaître, les avantages des sociétés de secours mutuels.

Vous avez à lutter contre l'*ignorance*. Sur notre sol de France, la Mutualité n'est pas encore connue partout comme le remède le plus simple et le plus pratique contre la misère des humbles.

Vous avez à lutter contre l'*indifférence*. La santé se refuse à prévoir la maladie et ce sont parfois les plus robustes, les plus courageux au travail, qui ne savent pas songer que la maladie, au moment où ils donnent le meilleur de leur effort, est peut-être déjà derrière la porte de leur foyer.

Vous avez à lutter contre l'*utopie*. Car ce n'est un secret pour personne que le mutualiste est

(1) Guide-Manuel de la Mutualité Française.

mal vu de ceux qui, pour améliorer leur sort, attendent moins de leur travail personnel que des violences d'un nivellement de toutes les fortunes et de toutes les conditions. A ceux-là, sans doute, ne ravissons pas leur chimère ; laissons-les bâtir chaque jour, parmi le soleil de leur rêve, la cité idéale, la cité de l'avenir où l'Etat, prenant à son compte toutes les initiatives, saura, par suite, prendre à sa charge tous les citoyens. Mais, du moins, rapprochons-les doucement de la réalité présente ; faisons-les, sans qu'ils s'en doutent, descendre du ciel de leurs espoirs sur la terre de leurs inquiétudes et souvent de leurs souffrances. Et sur cette terre montrons-leur la famille qui ne se nourrit pas plus d'utopie que le bonhomme Chrysale ne se nourrissait de beau langage, la mère qui a besoin de repos sur son lit d'accouchée, les enfants qui demandent du pain, le père qui réclame un peu de salaire dans les trêves lamentables de la maladie ou du chômage.

A ces rêveurs, enfin, disons que la Mutualité est capable de donner un peu de tout cela... Ce sera le meilleur moyen de les convaincre.

Les sociétés de secours mutuels ne sont pas seulement utiles par les avantages immédiats qu'elles procurent à leurs adhérents, mais pour les habitudes d'ordre et d'économie qu'elles leur font contracter. Elles les amènent ainsi à la forme supérieure de la Mutualité : la *mutualité-retraite.*

Il n'est point douteux, en effet, que l'habitude de l'économie est envahissante comme toutes les autres habitudes et que la vue du prévoyant ne tarde pas à s'allonger sur l'avenir. Après le lendemain, elle ne tarde pas à entrevoir ce lointain plus brumeux où la retraite devient nécessaire. Par suite, les sociétés de secours mutuels deviennent, pour ainsi dire, l'antichambre des grandes sociétés mutuelles de retraites. L'ouvrier acquis aux unes, ne tarde pas à l'être aux autres.

Les sociétés de secours mutuels constituent l'apprentissage de la mutualité.

CHAPITRE V

LES ANNEXES DES SOCIÉTÉS DE SECOURS MUTUELS

Ainsi que nous venons de le voir, les Sociétés de secours mutuels ont pour buts essentiels les secours médicaux et pharmaceutiques, l'indemnité en cas de maladie, le paiement des frais de funérailles. Mais déjà l'activité de notre temps a dépassé ce domaine et il semble que chaque jour futur doive l'agrandir. Aussi, à côté de la mutualité du présent, devons-nous placer l'image déjà précise de la mutualité de l'avenir ; en d'autres termes, indiquer celles des formes prochaines de la mutualité, qui semblent appelées au plus certain succès.

* * * * *

La Mutualité scolaire.

La plus intéressante est assurément la *Mutua-*

lité scolaire(1). Sans vouloir entrer dans le détail de son organisation, qui se réalise soit par le système du fonds commun, soit par celui du livret individuel, nous dirons simplement que les cotisations dans la mutualité scolaire varient entre un sou et deux sous par semaine. Il est donc bien peu de familles, ou bien peu d'enfants auxquels ces cotisations ne soient abordables.

Il nous sera presque inutile, d'autre part, de recommander aux parents d'inculquer, dès le jeune âge, à leurs enfants ces habitudes d'ordre, d'économie, de solidarité que leur donne la pratique de l'idée mutualiste. Elles sont d'autant plus précieuses et plus capables de porter des fruits dans l'avenir qu'elles entraînent immédiatement leur récompense et que, parents et enfants, dès les premiers versements, peuvent y trouver leur compte. En cas de maladie, le petit mutualiste touche

(1) La Mutualité scolaire est l'œuvre de M. Cavé; c'est en 1881, qu'il créa la première société dans le XIXe arrondissement de Paris. Les débuts furent assez lents, en effet, 12 ans après, il en existait trois en tout, une dans le VIIIe arrondissement et l'autre dans le XVIe. C'est en 1895 que le mouvement s'accentua. M. Cavé, aidé d'un auxiliaire précieux, commença une véritable campagne en faveur de l'œuvre qu'il avait prise à cœur. Accompagné de M. Ed. Petit, Inspecteur Général de l'Instruction Publique, il se mit en devoir de parcourir la France, allant créer partout des sociétés de secours mutuels scolaires, ayant pour but d'initier l'enfant à la pratique de la mutualité. (*France Mutualiste*, Mars 1904.)

en effet une indemnité quotidienne, et d'autre part le restant de la cotisation constitue pour lui le commencement d'une pension mutualiste.

Un sou, deux sous par semaine, c'est peu de chose, ce n'est presque rien, et pourtant c'est beaucoup, si l'on songe aux avantages immédiats de cette petite cotisation et aux avantages plus lointains, mais non moins réels, qu'elle ne manque pas de procurer à l'enfant qui a fait le premier effort.

C'est en effet un sociétaire tout promis à nos grandes mutuelles de retraites que le petit écolier mutualiste, un prévoyant qui ne laissera rien à l'aventure ni pour lui, ni pour les siens. C'est l'indice vivant d'un bon citoyen, actif, courageux, et qui retirera de ses efforts mutualistes, sinon le bonheur, du moins la tranquillité.

On connaît l'histoire ou peut-être la légende du banquier, dont la fortune commença par une épingle qu'il ramassa dans la rue. Histoire ou légende, elle mérite d'être retenue. Et nous voulons retenir comme un gage de vie honnête, paisible et douce, le *sou du petit mutualiste*.

* * * * *

La Mutualité dans l'Armée.

Cette question est à l'étude ; une commission

interministérielle (1) ressortissant à la fois aux administrations de la Guerre et de l'Intérieur a été formée en vue de déterminer dans quelles conditions la mutualité dans l'armée pourrait être réalisée le plus heureusement. D'autre part, le Ministre de la Guerre a prescrit dans nos grandes écoles militaires des conférences mutualistes, dans le but d'attirer sur cette importante question l'attention de nos futurs officiers.

Puisque nous n'avons pas à tenir compte, à ce sujet, des faits accomplis, il nous sera peut-être permis d'exprimer plus librement sur la question notre modeste avis.

Bien que cette opinion puisse sembler étrange, nous ne croyons pas qu'il soit possible de former, au sein même de l'armée, des Mutualités. D'abord leur recrutement serait bien difficile, car c'est une vérité trop connue que les soldats sont toujours à court d'argent. De plus, leur contingent serait trop mobile, puisqu'il serait appelé à se renouveler chaque année.

A peine pourrait-on tenter des sociétés mutuel-

(1) Cette commission est ainsi composée : *Président :* M. Barberet, Directeur de la Mutualité au Ministère de l'Intérieur ; *Membres :* MM. le Général Villiers, commandant l'École Polytechnique ; le Contrôleur général Mauclair ; le Commandant Lajaille ; Cavé, Mabilleau, Mirouël, ces trois derniers Membres du Conseil Supérieur de la Mutualité ; *Secrétaire :* M. Chabert, sous-chef de bureau au Ministère de la Guerre.

les avec des rengagés et des commissionnés comme contingent. Encore ces mutualistes possibles sont-ils exposés à de si fréquents déplacements, qu'il y a bien à douter du succès de semblables initiatives.

Ce qu'il faut faire surtout, à notre avis, c'est profiter du passage de tous les citoyens sous les drapeaux pour leur enseigner l'idée mutualiste et ses avantages. Ils en pourront profiter, dès lors, aussitôt qu'ils seront rentrés dans la vie civile. La chose serait d'autant plus facile que déjà des conférences d'ordre technique se multiplient dans tous les régiments. Il y a des conférences sociales, des conférences d'agriculture, voire même des conférences d'art. Pourquoi n'y aurait-il pas de conférences mutualistes.

Dans un ordre d'idées plus pratique, les sociétés mutuelles doivent faire tous leurs efforts pour maintenir dans leur contingent les soldats qui les quittent momentanément pour faire leur service militaire.

Tout d'abord elles doivent, surtout en ce qui concerne les mutuelles de retraites, faciliter aux militaires le paiement des cotisations. Celui-ci pourrait être reculé de tout le temps du service. Des amicales pourront être formées au sein d'une société entre les futurs soldats. Ceux-ci pourront former une caisse d'économies, augmentée de quelques collectes et de dons de membres honoraires.

Faire en sorte que les soldats mutualistes ne cessent point de l'être et que ceux qui ne le sont pas, tendent à le devenir, c'est en quoi surtout doit consister la mutualité dans l'armée.

Nous ne préjugeons pas, du reste, des formes inattendues qu'elle pourra prendre dans l'avenir et nous serons heureux de les favoriser.

* * * * *

La Mutualité familiale (1)

La Mutualité familiale a pour but de faire entrer les femmes et les enfants dans les sociétés de secours mutuels. D'après le rapport sur les opérations des sociétés de secours mutuels, publié par le Ministère de l'Intérieur, cette admission est moins répandue qu'on ne le suppose, puisqu'au 31 Décembre 1901, il n'existait encore en France que 332,818 femmes mutualistes. Celles-ci peuvent être admises dans les sociétés, moyennant des cotisations plus restreintes. Elles reçoivent en échange des indemnités journalières plus réduites.

(1) La *Mutualité* et la *Famille* par M. E. Cheysson, membre de l'Institut, *France Mutualiste*, n° de Janvier 1902.

L'admission des femmes et des enfants dans les sociétés de secours mutuels aurait pour effet de leur donner un véritable caractère familial et d'en faire comme les images agrandies de chaque foyer. Quelques fêtes d'été fort simples et peu coûteuses, analogues à celles qui ont lieu dans les sections de nos grandes sociétés mutuelles de retraites, peuvent en outre être organisées. Elles sont de nature à resserrer les liens mutualistes.

Ainsi que nous l'avons dit, il est entendu que dans les sociétés où les femmes sont admises, celles-ci ont droit pendant huit jours, au moins, à une indemnité d'accouchement.

* * * * *

La Mutualité maternelle.

Il s'est, d'autre part, formé depuis quelques années des sociétés dites *maternelles*, qui n'ont pour sociétaires que des femmes et qui ont pour but exclusif de donner à celles ci, lorsqu'elles sont en couches, une indemnité suffisante pour qu'elles puissent s'abstenir de travailler pendant quatre semaines (1) et donner au nouveau-né les

(1) A la Conférence de Berlin, le 15 Mars 1898, les délégués de 15 nations votaient à l'unanimité le vœu suivant : « *Il est désirable que les femmes accouchées ne soient admises au travail que quatre semaines après leurs couches.* »

soins qu'il réclame pendant la période qui suit l'accouchement.

On comprend facilement l'importance de ces sociétés au point de vue de l'arrêt de la dépopulation (1). Elles peuvent augmenter les naissances dans les ménages pauvres, désormais assurés d'un secours, et, plus sûrement, diminuer la mortalité infantile.

Il est heureux de constater d'ailleurs, que les mutualités maternelles se répandent sur toute la France (2).

* * * * *

Les cours professionnels. Les offices gratuits de placement. Le chômage.

Le second paragraphe de l'article 1er de la loi du 1er Avril 1898 est ainsi conçu : « Les sociétés

(1) Dans un discours sur la mutualité, M. Paul Deschanel, alors Président de la Chambre des Députés, déclarait que la Mutualité maternelle de Paris avait contribué à abaisser le taux de la mortalité des enfants de 35 à 6 o/o, et que par conséquent c'était un véritable régiment qu'elle avait donné à la France.

(2) La Mutualité Maternelle, fondée à Dammarie-les-Lys (Seine-et-Marne) par M. Félix Poussineau, a réduit la mortalité à 6 o/o et augmenté la natalité de 26 o/o.

de secours mutuels peuvent accessoirement créer, au profit de leurs membres, des cours professionnels, des offices gratuits de placement, et accorder des allocations en cas de chômage, à la condition qu'il soit pourvu à ces trois ordres de dépenses au moyen de cotisations ou recettes spéciales. »

Il est évident que les cours professionnels et les offices gratuits de placement concernent surtout les sociétés composées de membres appartenant à la même profession. En indiquer la haute utilité est une chose inutile. Jamais on ne fera trop d'efforts pour élever l'instruction technique des ouvriers français.

Ces cours professionnels nous mènent naturellement aux offices de placement, car il est bien évident aussi que des sociétés professionnelles où l'enseignement technique est poussé ne peuvent qu'attirer l'attention des patrons qui viendront y chercher les ouvriers.

La fonction du placement gratuit est d'ailleurs facilitée aux sociétés de secours mutuels par la loi du 14 mars 1904, sur les bureaux de placement. Aux termes des articles 2 et 3 de cette loi, les bureaux de placement gratuits, créés par les sociétés de secours mutuels, ne sont soumis à aucune autorisation; mais sont seulement astreints à faire une déclaration à la mairie.

L'œuvre philanthropique de la mutualité est enfin complétée par les secours en cas de chômage.

Le législateur a voulu toutefois éviter que la Mutualité prît contact, par la caisse de chômage, avec les conflits professionnels. Et c'est dans cette intention qu'il a prescrit (art. 1er § 2 de la loi de 1898) qu'il serait pourvu au moyen d'une cotisation spéciale aux allocations de chômage. Dans l'esprit de la loi, il ne peut s'agir, d'autre part que de chômage involontaire (1).

C'est d'ailleurs, conformément à cet esprit que se sont formées jusqu'à présent les caisses d'assurance

(1) Le 8e Congrès de la Mutualité, qui vient de tenir ses assises à Nantes, au sujet de la question suivante : « Quels moyens pratiques proposeriez-vous pour organiser dans la Mutualité des caisses de secours en cas de chômage ?

A émis les vœux ci-après :

Etant donnée la difficulté de rechercher dans bien des cas la véritable cause du chômage et les dangers que présenterait, pour une société isolée, la brusque et accidentelle cessation du travail pour de nombreux membres exerçant la même profession, le Congrès estime :

1° Que seules les Unions ou Fédérations pourraient créer des caisses spéciales de secours en cas de chômage ; ces caisses devraient être alimentées par un supplément de cotisations mensuelles aussi réduites que possible, par des dons volontaires et même des subventions émanant des pouvoirs publics ;

2° Que les Unions ont le consciencieux devoir d'examiner sans retard cette question aussi délicate qu'urgente, afin de la faire passer au plus tôt dans le domaine de la pratique où il sera plus facile d'en expérimenter le perfectionnement.

En attendant, la Société d'origine pourrait, à l'aide d'un prélèvement sur les cotisations des membres honoraires, faire quelques avances aux intéressés, afin de leur permettre, pendant la crise traversée, de jouir des avantages à eux concédés par les règlements de la Société.

contre le chômage qui fonctionnent actuellement. Citons comme exemple, bien qu'elle ne soit pas une société de secours mutuels, la *Fédération française des Travailleurs du livre* qui, moyennant une cotisation de 0 fr. 27 par mois, donne une indemnité de chômage de 2 fr. par jour, pendant trente-six jours par an.

Ainsi protégée par ces réserves, la Caisse mutualiste d'assurance contre le chômage ne saurait donner que de bienfaisants résultats.

* * * * *

Bibliothèques mutualistes.

Maison de la mutualité.

Dispensaires antituberculeux.

En se développant peu à peu, c'est sur toute la vie de l'individu que la Mutualité étend son action bienfaisante. Ainsi, au siège des Unions de Sociétés se forment des *Bibliothèques mutualistes*, mises à la disposition des affiliés. De même les sections des Sociétés mutuelles de retraites organisent ces bibliothèques. *La Boule de Neige* a donné l'exemple en les recommandant par la voix de son bulletin mensuel, et ses encouragements ont porté leurs fruits, puisque des sections importantes possèdent déjà des bibliothèques mutualistes.

De plus, grâce à des appuis intérieurs, petit à petit, la mutualité se met dans ses meubles. Paris aura bientôt sa maison de la mutualité (1), et la question est près de recevoir une solution pour certaines grandes villes de France (2).

Enfin la mutualité s'est placée au premier rang dans la question d'hygiène sociale. Déjà, à Paris, existent plusieurs dispensaires antituberculeux, et la lutte contre la tuberculose entre dans les préoccupations de tous ceux qui dirigent les destinées de la Mutualité.

* * * * *

Ainsi, c'est du berceau à la tombe des humbles, des modestes, des travailleurs, que la Mutualité étend son geste tutélaire et offre l'utilité de ses secours. Elle va de l'indemnité accordée au petit mutualiste, encore sur les bancs de l'école, à la retraite du travailleur blanchi sous les années.

---

(1) La maison de la Mutualité Parisienne doit être installée dans les anciens bâtiments de la vieille Faculté de Médecine.

(2) Des maisons de la Mutualité existent ou sont sur le point d'exister à Lyon, Marseille, Lille, Saintes et Angers.

Sans doute, la Mutualité n'accorde pas ses avantages sans exiger d'effort. Du moins ne manque-elle pas à ses engagements. Elle fortifie et protège celui qui la pratique. Elle en fait un bon citoyen et un homme à l'abri des plus immédiats soucis de l'existence.

Aussi, a-t-on pu dire que la Mutualité est à la fois une *bonne action et une bonne affaire*.

CHAPITRE VI

Sociétés Mutuelles de Retraites
Leur Régime Légal

Les Sociétés mutuelles de retraites,

Leur régime légal,

Caractères essentiels des Sociétés de retraites.

Si les sociétés de secours mutuels constituent l'*apprentissage* de la Mutualité, les sociétés mutuelles de retraites en sont la *mise en œuvre intégrale* et comme le *couronnement.*

Elles épuisent, en effet, les conséquences de l'idée mutualiste et la font pleinement fructifier.

Les sociétés mutuelles de retraites se distinguent des sociétés de secours mutuels par les caractères suivants :

1° *Elles ne sont pas locales, pour le plus grand nombre.* Elles recherchent, au contraire, leurs affiliés par toute la France et les Colonies.

L'organisation plus compliquée des retraites mutualistes implique, en effet, des frais de gestion qui, même réduits au minimum, pèseraient trop lourdement sur une société peu nombreuse. D'autre part, l'établissement des pensions de retraite étant fondé sur les tables de mortalité et celles-ci ne se vérifiant que sur un grand nombre d'individus, les sociétés qui font l'objet de ce chapitre ne peuvent elles-mêmes se constituer solidement que sur une association très nombreuse de mutualistes.

2° Alors que, dans les sociétés de secours mutuels, tous les affiliés sont tenus à la même cotisation, *dans les sociétés mutuelles de retraites les cotisations peuvent varier*. L'unité de cotisation est la part, représentant le plus souvent la somme de un franc, payable mensuellement. Mais il est possible à chaque sociétaire de verser, mensuellement, le montant d'un certain nombre de parts. Le maximum de parts qu'il est possible de verser est fixé par les statuts, d'après l'âge d'entrée des sociétaires, en ce qui concerne les sociétés approuvées. Toutefois, en raison des subventions et de l'intérêt de faveur de 4, 50 % dont elles bénifi-cient, la loi leur a prescrit de ne pas servir des pensions supérieures à 360 francs.

3° Si, pour ces sociétés approuvées, l'âge de la retraite est fixé à 50 ans, et la durée du versement à 15 ans, ce ne sont pourtant là que des limites au-dessous desquelles le sociétaire ne peut descendre. Rien ne l'empêche, au contraire, de les dépasser ; c'est-à-dire, dans le but de bonifier sa retraite, de verser une cotisation pendant plus de quinze ans et au-delà de cinquante ans, à la condition toutefois que la retraite ne dépasse pas 360 francs, maximum fixé par la loi.

Par suite, et par la diversité du montant de leurs versements mensuels, et par les durées différentes du versement de ces cotisations, les affiliés des sociétés de retraites acquièrent des titres proportionnels à la retraite (1).

Toutes les sociétés de retraites, jusqu'ici, ont adopté le système du fonds commun ou fonds de retraites, qui est certainement le plus pratique, selon nous ; le système du livret individuel, à tort ou à raison, a toujours été délaissé.

Ainsi donc les sociétés mutuelles de retraites se distinguent des sociétés de secours mutuels proprement dites, d'abord parce qu'elles ont su prendre plus d'extension, ensuite parce que l'apport de l'affilié, au lieu d'être unique, est varié, enfin par leurs buts essentiels.

A ces différences près, les unes et les autres sont fondées sur l'idée mutualiste, telle que nous l'avons définie.

(1) Voir tableaux, pages 122-124.

* * * * *

Sociétés libres, Sociétés approuvées,

Sociétés reconnues d'utilité publique.

La loi du 1er Avril 1898 prévoit, dans son article 14, trois sortes de sociétés de secours mutuels, *les sociétés libres*, *les sociétés approuvées*, *les sociétés reconnues d'utilité publique*. Cette distinction prend surtout son importance au sujet des sociétés qui fournissent, soit des retraites, soit des allocations au décès. Aussi croyons-nous utile d'en parler à cette place.

Une société *libre* n'est soumise à d'autres conditions que celle de mettre ses statuts en conformité avec la loi du 1er Avril 1898. En revanche, elle ne jouit pas des avantages accordés aux sociétés approuvées et qui sont les suivants :

Intérêts de faveur de 4,50 % pour les fonds versés à la Caisse des Dépôts et Consignations.

Subvention de l'Etat, des départements et des communes.

Exemption des droits de timbres et d'enregistrement, pour tous les actes intéressant les sociétés approuvées; et du droit de timbre de quittance, pour les reçus des cotisations des membres honoraires ou participants, pour les reçus des sommes versées aux pensionnaires, ainsi que pour les registres à souche qui servent au paiement des journées de maladies.

D'autre part, en échange de ces avantages et notamment de l'intérêt de faveur de 4,50 %, *les sociétés de mutualité approuvées* ne peuvent accorder à leurs membres des indemnités quotidiennes supérieures à 5 francs, des allocations annuelles ou pensions supérieures à 360 fr., et des capitaux, en cas de vie ou de décès, supérieurs à 3.000 francs.

Les cotisations mensuelles doivent être versées pendant quinze ans au moins ; elles ne peuvent, de plus, constituer de pension que si le sociétaire a atteint cinquante ans d'âge.

Les *sociétés reconnues d'utilité publique* sont tenues aux mêmes obligations et jouissent des mêmes avantages que les sociétés approuvées. Étant donnée, d'autre part, la liberté dont jouissent celles-ci, la reconnaissance d'utilité publique apparaît comme une formalité dépourvue d'intérêt. En fait, d'ailleurs, le Conseil d'État constatant l'inutilité de cette reconnaissance ne l'a pas accordée depuis la loi de 1898.

En résumé, nous nous trouvons en présence de deux catégories de sociétés : les sociétés libres et les sociétés approuvées.

Or, il y a lieu de constater que les sociétés mutuelles ne sauraient, sans raisons bien spéciales, renoncer aux avantages de l'approbation. D'autre part, il importe de reconnaître que la mutualité se réalise dans les classes pauvres ou modestes de notre société et que, par suite, nul mutualiste n'est en mesure de se procurer par ses seules ressources, soit une retraite supérieure à 360 fr., soit une allocation dépassant 3.000 fr.

En bonne et franche mutualité, la société libre se justifie donc difficilement. Comment donc se fait-il qu'il existe des sociétés de ce genre? C'est ce que nous verrons plus loin, quand nous parlerons de la *vraie et de la fausse Mutualité.*

CHAPITRE VII

Les Différents Buts des Sociétés Mutuelles de Retraites. La Contre-Assurance

Nous allons étudier maintenant les différents avantages qu'il est possible de retirer des sociétés mutuelles de retraites; c'est, comme nous l'avons déjà dit :

l'allocation au décès,

la pension de retraite.

Le premier avantage, l'allocation au décès, nous apparaîtra intimement lié à un complément tout récent de la mutualité : la *contre-assurance*.

Le second sera pour nous le meilleur que la mutualité puisse nous conférer, celui par lequel elle réalise le plus complètement son œuvre d'utilité et de solidarité sociales.

* * * * *

Allocation à date fixe.

On comprend sans peine ce qu'est l'allocation à date fixe. C'est l'allocation fournie par une société d'épargne mutuelle après versement, par l'affilié, d'une cotisation pendant un certain nombre d'années; elles ont pris la forme de sociétés civiles pour échapper à tout contrôle (1). Les sociétés qui fonctionnent ainsi ont habituellement une durée limitée, cinq ans en moyenne.

Les affiliés versent pendant ce temps; et, à la fin de la cinquième année, ils retrouvent leurs cotisations accrues de l'intérêt qu'elles ont porté, quelquefois d'un lot provenant de valeurs à lots achetées avec les cotisations. Le partage fait, il n'est pas rare de voir la société se reconstituer pour une nouvelle période.

Quelques sociétés compliquent leurs statuts en permettant aux affiliés de verser des cotisations variées, la part de 1 fr. étant prise comme unité, et en leur imposant d'autre part de laisser à chaque répartition, et jusqu'à une époque déterminée, le capital formé par le versement mensuel

(1) Un projet de réglementation de ces sortes de sociétés est actuellement soumis aux Chambres; ce projet est précédé d'un exposé des motifs, préparé par M. Thaller, l'éminent jurisconsulte, et adopté par la Commission ministérielle. Jusqu'alors ces sortes de sociétés n'avaient pas de régime légal.

d'une part pendant la durée de la capitalisation active.

Les sociétés de ce genre se forment de préférence dans les différents quartiers de Paris et dans les grandes administrations publiques, telles que les ministères; mais elles n'ont pas atteint jusqu'ici le gros de notre armée mutualiste (1). Il ne semble pas du reste qu'elles y puissent réussir. Ce sont plutôt en effet des mutualités d'agrément dont font partie des sociétaires qui peuvent se dire : « Tous les mois, je vais abandonner cette petite somme. Dans cinq ou dix ans, quand on cassera la tire-lire, je serai bien aise de retrouver mes cotisations accumulées. Ce sera pour un petit voyage ou quelque autre distraction. »

* * * * *

Une autre forme de sociétés mutuelles fait l'allocation à date fixe d'après un système différent, mais ces sociétés ne sont pas des sociétés de

(1) A Paris la société *la Fourmi* compte cependant un certain nombre de membres. D'autre part, d'après un récent recensement fait par la Préfecture de Police, il a été relevé 332 sociétés de ce genre dans le département de la Seine; les Préfectures des départements en signalent un certain nombre.

secours mutuels. Elles sont en dehors de la loi du 1er Avril 1898 et ne peuvent fonctionner que sous l'autorité du Ministre du Commerce. Les unes et les autres ne sont que de pseudo-mutualités, elles rentrent dans ce que nous appelons la fausse mutualité, qui n'a pas été sans faire grand tort à la vraie Mutualité.

Voici comment elles fonctionnent :

Elles promettent leur allocation au bout d'un certain nombre d'années de versement de la cotisation. Mettons douze ans. D'autre part, elles sectionnent leurs affiliés par années. Supposons que ceux qui ont commencé à verser en 1904 soient 10.000. Un compte spécial leur est ouvert. Ils ont leur coffre-fort et vont y verser pendant douze ans. Sur la route, il y aura des décès, des défections, des abandons, si bien qu'en 1916 la série de 1904, partie à effectif complet, sera peut-être réduite à 5.000 ou à 4.000. Ces 4.000 favorisés se partageront l'avoir formé pendant douze ans et grossi des intérêts de la série de 1904.

Et de même, une nouvelle série sera formée en 1905, qui profitera d'une répartition analogue en 1917 et ainsi pour les séries suivantes.

On le voit, c'est l'ancienne tontine avec tout ce qu'elle peut comporter d'aléa. Si, en effet, les allocations sont fournies à *date fixe*, il s'en faut qu'elles soient elles-mêmes fixes. Elles dépendent en effet de la mortalité (1) et des défections,

(1) D'après la table de mortalité R. F. sur un groupe de

pendant les douze années que dure la série. Et la répartition est plus ou moins forte, selon qu'il reste plus ou moins de personnes, après douze ans, pour casser la tirelire.

Ces sortes de sociétés, qui ne sont pas en désaccord avec la loi et auxquelles ne peut être refusée l'autorisation, n'ont cependant de la mutualité que le nom. Et l'on pourrait dire que les affiliés ne s'y sentent les coudes que pour se renverser, puisqu'ils ont intérêt à se voir disparaître. D'autre part, et comme nous le verrons plus loin, l'idéal d'une société mutuelle de retraites, c'est de fournir à ses affiliés des allocations fixes et pouvant être prévues à l'avance. Or les pseudo-sociétés mutuelles, qui fournissent l'allocation à date fixe, sont tout à fait éloignées de cet idéal, puisque celle-ci varie sensiblement avec la mortalité et qu'elle varie d'autant plus que la série constituée pour une année est moins nombreuse.

Il faut donc le dire, sans la moindre intention de polémique, mais pour dire la vérité : de semblables combinaisons sont tout à fait contraires à l'esprit de la Mutualité. Il ne s'agit pas, en effet, pour l'affilié de coordonner son effort avec celui de ses voisins ; mais de spéculer, en espoir du

1.000 personnes entrées à 20 ans, il y aura, en douze ans, environ 80 décès, qui se produiront à des dates différentes ; il est donc certain que la Mutualité ne peut être appelée à jouer un rôle dans de pareilles combinaisons.

moins, sur leurs décès, les revers de fortune et l'insouciance qui pourront les éloigner de la société.

Mais alors, puisque l'approbation est accordée sans peine avec les avantages qu'elle entraîne, puisque la Mutualité permet, comme nous le verrons, des combinaisons rationnelles et simples pour la création de retraites fixes, pourquoi de pareilles combinaisons ? parce qu'elles permettent à ceux qui les organisent de sérieux bénéfices sur l'argent des mutualistes, parce qu'elles sont des affaires et non pas des sociétés mutuelles.

Comment de telles sociétés sont-elles des affaires ? Par quelles fissures de leurs statuts l'entreprise commerciale, sans risque du reste pour ses organisateurs, s'introduit-elle dans la maison de la Mutualité ? Comment, en un mot, prélève-t-on la dîme sur l'argent mutualiste ? C'est ce que nous n'avons pas à dire en ce petit livre, qui est de vulgarisation et non de polémique.

Mais nous adressant à ceux qui ont besoin de la Mutualité, nous leur dirons : « Ne vous laissez pas duper par les apparences et la réclame tapageuse (1). Défiez-vous des pièges que vous ne soupçonnez pas et que vous reconnaîtrez seulement dès que vous y serez pris ; défiez-vous de la Mu-

(1) L'une des sociétés a fait récemment, en l'espace d'un mois, près de cinquante mille francs de publicité dans la presse parisienne et autant dans la presse départementale.

tualité qui peut s'offrir des courtiers, défiez-vous de la Mutualité où l'on ne vous précise pas immédiatement, par un chiffre, les avantages que vous pourrez en retirer; défiez-vous de la Mutualité compliquée, à base de série, de loterie, de tirages annuels et autres inventions plus ou moins ingénieuses. *La Mutualité doit être simple dans son organisation et dans son but. Votre cotisation doit produire des avantages précis dans un temps précis.*

Voyez de quels frais d'administration on la grève, au bout de combien de temps vous vous trouvez exclu de la société en cas de non paiement. Lisez et comprenez les statuts qui vont vous lier. »

Il faut être persévérant quand on est mutualiste; il faut être perspicace avant de l'être.

* * * * *

L'allocation au décès.

Se faire mutualiste en vue de l'allocation au décès, c'est assurément réaliser la forme la plus généreuse de la Mutualité. C'est, en effet, l'acte du père de famille qui s'oublie lui-même et qui verse sa cotisation dans la caisse mutualiste, pour que sa famille ne soit pas dans le besoin, s'il vient à mourir.

Il faut constater que la mutualité pour l'allocation au décès s'est peu développée en France. Elle n'a pas pénétré les milieux mutualistes, malgré la facilité que possèdent les sociétés de secours mutuels d'assurer leurs membres collectivement à la Caisse des Retraites.

Ainsi, d'après les documents fournis par le Ministère de l'Intérieur, le nombre de sociétés assurées en 1901 ne s'élevait qu'à quatre-vingt-dix-sept, et le nombre de membres assurés à quinze mille six cent soixante-trois. Le montant des capitaux assurés s'élevait à 5.932.070 francs. D'après nos renseignements personnels, ces chiffres n'ont guère augmenté depuis, et, si nous les mettons en regard du tableau que nous avons donné de la Mutualité (1), nous sommes obligés de constater que l'assurance collective au décès a presque échoué.

L'assurance individuelle n'a guère mieux réussi. Le seul essai vraiment sérieux qui ait été tenté dans ce sens est, à notre connaissance, la société d'assurances au décès *le Soutien des Familles*, approuvée, et dont les tarifs avaient été calculés d'après les tables de mortalité les plus récentes (2). Cette société assure jusqu'à un

(1) Voir page 36.
(2) Voir ces tarifs page 115.

capital de 3.000 francs, en assurant, par franc versé, une somme basée sur l'âge de l'assuré.

En dehors de cette société (1), l'assurance mutuelle au décès ne compte guère en France que ce qu'on appelle les sociétés dites du *franc au décès*. Elles ont pour but unique de procurer une somme variable, selon le nombre de membres inscrits dans la série du décédé, au moyen de versements obligatoires et fixés d'avance.

Ce genre de sociétés, selon nous, offre beaucoup d'aléa.

Puisqu'il est possible d'arriver, par des cotisations mathématiquement fixées, à fournir une somme prévue à l'avance en cas du décès d'un affilié et pour tous les décédés, les mutualistes devront donc de préférence s'adresser à ces sociétés.

Quoiqu'il en soit et en dépit de ces efforts isolés, l'assurance mutuelle au décès s'est peu développée en France; faut-il en conclure que les mutualistes manquent de désintéressement et d'abnégation. Assurément non. Il faut seulement constater une nouvelle fois que les mutualistes se recrutent surtout parmi les humbles et les travailleurs. Dès lors, comment pourraient-ils

(1) Un pro[illegible] d'Union Générale d'Assurances, en cas de décès, est actuellement présenté par la Fédération Nationale de la Mutualité française. La seule forme d'assurance qui pourra être contractée à l'Union Générale sera *l'assurance temporaire*. Elle se propose d'assurer *collectivement* les membres des sociétés de secours mutuels.

songer à assurer leur famille contre la misère après leur mort possible, quand ils ont bien du mal à la défendre contre la gêne pendant leur vie. Ils vont au plus pressé et si l'assurance au décès n'est pas au-delà de leur désir et de leur courage, elle est du moins au-delà de leurs forces.

La véritable assurance mutuelle au décès ne peut être que celle qui est si instamment liée à l'assurance pour la vie, que l'on ne puisse faire l'une sans l'autre. C'est seulement à cette condition que l'assurance mutuelle au décès peut se répandre.

Or, comme nous allons le voir, cette intime union est réalisée par la contre-assurance.

* * * * *

La Contre-assurance.

Avant de définir la contre-assurance, il nous faut définir ces deux expressions : ***Verser une cotisation à capital aliéné. — Verser une cotisation à capital réservé.***

Verser une cotisation à capital aliéné, c'est s'engager à perdre le capital produit par cette cotisation, si l'on vient à décéder avant d'avoir le droit de profiter des avantages qu'on attend de cette cotisation. Voici, par exemple, un mutualiste qui s'engage à verser une cotisation, chaque mois, pendant 20 ans, pour obtenir, au bout de ce temps, une pension de retraite. S'il a versé sa cotisation à capital aliéné et qu'il meure avant l'échéance des vingt années, il perd le bénéfice des cotisations versées.

Verser à capital réservé c'est, au contraire, se réserver le droit de retirer de la communauté mutualiste l'argent versé pour le cas où la mort survient.

Il est impossible assurément d'autoriser le versement à capital réservé, dans une caisse mutualiste. La pratique de la mutualité n'est pas seulement, en effet, comme nous l'avons dit, une bonne affaire, mais encore une bonne action, un acte de solidarité au sujet duquel le mutualiste ne saurait faire des réserves sans donner le mauvais exemple et sans jeter le trouble dans la gestion de l'avoir commun.

D'autre part, il faut se redire que le mutualiste est le plus souvent un prolétaire et que la pensée doit lui être dure de perdre, en cas de mort, des cotisations si péniblement versées. Cette pensée doit lui être d'autant plus pénible que, le mutualiste mort, sa famille demeure et qu'elle sera d'autant plus besogneuse qu'il ne sera plus là. Comme elles arriveraient dès lors à propos pour payer les frais d'enterrement, assurer le pain du premier mois, le prochain terme, les cotisations accumulées qui, pour le père défunt, ne sauraient plus produire la retraite !

Le problème consistait donc à donner au mutualiste l'avantage du versement à capital réservé et, à la caisse mutualiste, l'avantage du versement à capital aliéné. En d'autres termes, il fallait trouver une combinaison, telle, qu'en cas de décès du mutualiste la famille de celui-ci retrouvât ses cotisations sans que, pourtant, la caisse mutualiste en fût privée.

C'est la contre-assurance qui a résolu cette apparente contradiction.

Le principe de la contre-assurance consiste à assurer les cotisations versées par le mutualiste, de telle façon que la somme produite par ces différents versements lui soit rendue en cas de décès. Le mutualiste prudent doit ainsi s'assurer deux fois ; une première fois contre la vieillesse, par le versement de la cotisation qui lui assure sa pension de retraite; une seconde fois, contre la mort, par le versement d'une très légère cotisation à la caisse de la contre-assurance qui, en cas de décès, lui assure le paiement des cotisations versées.

Il n'est pas besoin, croyons-nous, d'insister pour montrer toute l'importance que prend la contre-assurance dans le fonctionnement des caisses de retraites mutualistes. Elle en est un organe indispensable.

Elle réalise en même temps la forme la plus pratique de l'allocation au décès. Nous avons vu pourquoi les mutualistes restent indifférents à l'allocation au décès. Ils ne peuvent s'imposer le nouvel effort d'une cotisation entièrement séparée de la cotisation à fournir pour la retraite.

Il n'en est plus de même, si la cotisation à fournir pour l'allocation au décès, si minime qu'elle puisse être, se trouve entièrement liée à la cotisation pour la retraite. Il est dès lors impossible de songer à l'une, sans songer à l'autre. Bien plus, la seconde est proportionnelle à la première. Il n'y a plus deux efforts distincts, mais un seul.

Ainsi donc, si nous admettons que l'allocation au décès est réalisée seulement par la contre-assurance, nous en arriverons à dire que ces deux principes :

Retraites mutuelles. — Contre-assurance doivent être les deux assises des sociétés mutuelles, qui se proposent de donner à leurs affiliés mieux que des secours ou indemnités.

C'est une raison pour que nous étudiions ces deux principes non plus en eux-mêmes, mais dans les meilleures applications qu'ils ont reçues de nos jours.

CHAPITRE VIII

La Mise en Pratique de la Contre-Assurance
La Sauvegarde de la Mutualité

Il y a loin d'un principe à sa mise en pratique, et ce n'est pas sans peine qu'on a pu faire passer la contre-assurance dans la vie mutualiste. La prime qu'elle demande pour assurer la cotisation mutualiste est, en effet, basée sur la mortalité moyenne et celle-ci ne se réalise en toute stabilité que sur de forts contingents. Par suite, il apparaissait dès l'abord que les sociétés mutualistes ne pourraient individuellement se charger de la contre-assurance et, qu'à agir ainsi, elles se seraient exposées à ne pas tenir leurs engagements vis-à-vis des contre-assurés.

Appui indispensable de la Mutualité, la contre-assurance devait pourtant être indépendante des sociétés mutualistes, ou, plutôt, elle devait s'offrir à toutes, sans être livrée spécialement à aucune.

Bien plus, si la contre-assurance avait pour

idéal d'assurer en bloc des sociétés mutualistes avec tout leur contingent, elle devait néanmoins avoir assez de souplesse pour accepter des mutualistes isolés.

* * * * *

C'est en s'inspirant de ces considérations que s'est fondée *la Sauvegarde de la Mutualité.*

Cette société qui a été autorisée par l'État après un examen des plus sérieux de ses statuts et de ses tarifs, par le Conseil d'État et par la Commission compétente instituée au Ministère du Commerce, a dû, tout d'abord, se constituer un capital de prévoyance de 200.000 francs. Il est bien évident, en effet, que l'apport des premiers versements aurait pu être insuffisant pour régler les décès qu'ils assuraient.

Cette société rembourse les cotisations mutualistes moyennant une prime qui, suivant l'âge du sociétaire et la durée du contrat, varie entre le 1/20e et le 1/10e de la cotisation qu'il verse à la caisse mutualiste.

Ainsi, pour un sociétaire âgé de 30 ans, la cotisation à verser à *la Sauvegarde de la Mutualité*, pour assurer 1 franc, est de 0,079 pour une durée de 15 ans. Supposons, dès lors, que ce sociétaire verse à une société mutuelle de retraites une somme annuelle de 72 francs, il aura à verser annuellement à *la Sauvegarde de la Mutualité* 72 × 0,079 soit 5 fr. 70 pour que cette somme de 72 francs soit remboursée, en cas de décès, à sa femme, à ses enfants, en un mot, à ses héritiers. Supposons, en outre, que ce sociétaire meure après avoir versé à sa mutualité 720 francs, soit ses cotisations pendant dix ans, et qu'il se soit acquitté vis-à-vis de *la Sauvegarde de la Mutualité* de la prime annuelle variant entre 5 et 6 francs, cette société remettra aux ayants droit du décédé la somme de 720 francs.

Il est possible, du reste, d'assurer les cotisations versées antérieurement à l'affiliation à *la Sauvegarde de la Mutualité*. Ainsi le sociétaire, âgé de trente ans, qui aurait versé à une ou plusieurs caisses mutualistes la somme de 72 francs par an, depuis l'âge de vingt ans, peut, en s'inscrivant à *la Sauvegarde de la Mutualité,* assurer d'un seul coup les 720 francs d'économies provenant des dix années écoulées. Il lui suffit de régler en une ou plusieurs fois les primes afférentes.

La Sauvegarde de la Mutualité n'est affiliée à aucune société. Elle recrute ses adhérents parmi toutes les sociétés mutualistes qui existent en France. Il ne faut pas oublier qu'elle offre à celles-ci une excellente occasion de se procurer des allocations au décès.

Bien que nous dépassions un peu notre sujet, nous ne pouvons nous empêcher de constater que *la Sauvegarde de la Mutualité* peut rendre d'inappréciables services, non seulement aux mutualistes, mais encore à tous ceux qui versent à une caisse de retraites, notamment à tous les employés de l'Etat.

On sait, en effet, que les droits même à la retraite proportionnelle ne sont acquis à l'employé qu'au bout de 20 ans ; s'il meurt pendant cet intervalle, il perd le bénéfice de la retenue qui, chaque mois, lui est faite sur son traitement pour la constitution de la retraite. Par la combinaison que nous avons indiquée tout à l'heure et qui peut être appliquée intégralement aux employés de l'État; en cas de décès, leurs ayants droit obtiendraient le remboursement des versements qu'ils ont fait à la caisse de retraites.

Tel est, dans son ensemble, le fonctionnement de *la Sauvegarde de la Mutualité*. Cette société est tellement indispensable au progrès de l'idée mutualiste que nous avons cru devoir en parler dans ce petit livre où sont démontrés, pièce par pièce, tous les rouages de la Mutualité.

CHAPITRE IX

La mise en pratique de la Mutualité-Retraites
La Boule de Neige

Il ressort de ce que nous avons dit précédemment que la mutualité-retraites est la forme supérieure de la mutualité. C'est donc à elle que nous allons consacrer ce dernier chapitre.

* * * * *

Définition de la Retraite. Elle doit être une pension, non une rente.

Il importe, tout d'abord, de s'entendre au sujet de la *retraite*. Celle-ci ne doit pas être, en effet, simplement la rente de l'argent versé par le mutualiste, mais une somme annuelle répartie de telle façon qu'à la mort du mutualiste tout l'argent, versé par celui-ci à la caisse mutualiste, lui ait été restitué, capital et intérêts.

Rappelons une dernière fois que le mutualiste n'est pas riche; les versements pour la pension de retraite ne dépassent guère une moyenne de trois francs. Il serait dès lors incompréhensible, effroyablement injuste et anti-social, de lui fournir la rente d'un capital déjà trop maigre, le capital étant retenu au profit de la caisse mutualiste.

* * * * *

La Mutualité-utopie.

Cette distinction entre la rente et la pension ne serait pas à faire, si malheureusement n'existaient, à notre époque, certaines sociétés mutuelles qui ne fournissent que la rente et gardent le capital. Voici comment elles procèdent :

Elles répartissent leurs sociétaires par années et leur promettent la rente au bout de quinze ou vingt années de versement des cotisations, par exemple au bout de vingt ans; les sociétaires, qui ont droit à la rente, se partagent les revenus du capital (1) qui constitue la caisse mutualiste ; et

(1) Rappelons qu'au cours des dix premières années du

ainsi de suite, les rentiers augmentent en nombre et se partagent les rentes d'un capital inaliénable et toujours augmenté par les nouvelles recrues mutualistes.

Cette conception si simple, en apparence, est en réalité la plus préjudiciable, la plus injuste et la plus anti-mutualiste qui se puisse trouver.

1° *Elle est la plus préjudiciable aux intérêts mutualistes.* Il est trop évident, en effet, que l'intérêt d'une somme quelconque restituée sous forme de pension ne peut être que très inférieur à cette somme augmentée de son intérêt même. Le mutualiste, qui a versé un franc par mois pendant vingt ans et qui, arrivé à l'âge de la retraite, ne touche que l'intérêt de cette cotisation, se place évidemment dans une situation tout à fait défavorable par rapport à celui qui touche capital et intérêts.

Mais alors, nous dira-t-on, comment se fait-il que telle société ne fournissant qu'une rente puisse arriver à ce maximum annuel de 360 fr. prévu par la loi, et qu'elle ait ainsi l'avantage sur d'autres sociétés dont les rentes et pensions n'atteignent pas ce maximum ?

2° La réponse est bien simple : *Au moyen de*

partage, aucun sociétaire ne pourra recevoir, à titre de part annuelle, une somme supérieure à une fois et demie le capital versé par lui au jour de la première répartition (article 2 de la loi du 3 Février 1902).

l'injustice la plus évidente et la plus catégorique qui se puisse voir.

Voyons, en effet, la très avantageuse situation qui est faite dans de pareilles sociétés aux sociétaires de la première année. Au cours de la première année, la société en formation n'a pu en recruter qu'un petit nombre. Mais au cours des années suivantes, le contingent mutualiste s'accroît et, avec lui, le capital. Il en résulte, qu'au bout de vingt ans, les premiers rentiers, en tout petit nombre, ont à se partager les revenus d'un énorme capital, et, s'ils ne touchent pas plus de 360 francs, c'est qu'ils en sont empêchés par la loi.

Mais le capital croît moins vite que le nombre des rentiers, il en résulte que chaque année la somme à verser à ceux-ci diminue.

Dans le cas présent, comme de telles sociétés en sont aux premières années (1) de distribution de rentes, celles-ci sont encore fortes; mais elles diminueront tous les ans. *Elles tomberont de 360 francs à 20 francs.*

360 francs ! 20 francs ! quel abîme entre ces deux chiffres, quand on songe qu'il s'agit là d'une rente destinée à pourvoir aux premiers besoins de la vie, de la rente qui est destinée, avant tout, à payer

(1) Dans une société dont le premier partage a eu lieu en 1901, à la 4e répartition, c'est-dire en 1904, les 360 fr. se trouvent réduits à 265 fr. environ.

le propriétaire et le boulanger. On frémit à la pensée de la débâcle qui attend de pareilles sociétés quand, chaque année, baisseront les rentes distribuées, et qu'enfin les mutualistes désabusés s'apercevront qu'ils se sont engagés dans la plus déplorable et la plus décevante des combinaisons mutualistes.

Une autre injustice, plus criante encore, s'il en pouvait être de plus criante que celle qui met un écart aussi grand entre les rentes servies à des sociétaires qui ont les mêmes droits, c'est l'injustice suivante : les sociétés dont nous parlons font des traitements absolument inégaux à leurs membres admis à des âges différents. Soit une société où la rente est servie après vingt ans de versement, celui qui est reçu à quinze ans dans cette société sera pensionné depuis l'âge de 35 ans jusqu'à la mort. Celui qui n'entre qu'à cinquante ans n'obtient la pension qu'à l'âge de 70 ans. Ces deux sociétaires ont donc exactement les mêmes droits, ayant fait les mêmes versements. Or, il saute aux yeux que celui qui jouit de la rente, dès la 35e année, a chance d'en jouir beaucoup plus longtemps que celui qui n'en profite qu'à partir de sa 70e année. D'après une telle conception, ce sont les vieillards qui perdent, c'est la jeunesse qui vit au dépens de la vieillesse ; on a peine à concevoir semblable monstruosité.

Une autre anomalie est celle qui consiste à faire payer la cotisation aux rentiers ; les 12 francs de cotisation viennent en déduction de la rente. En d'autres termes, la rente est grevée d'un droit de 12 francs au profit de la société, on ne peut donc pas dire qu'on a une rente de 20 francs, quand en réalité on ne touche que 8 francs.

3° *Ainsi donc de telles sociétés sont absolument anti-mutualistes.* Elles violent deux fois la règle essentielle de la mutualité « A CHARGES ÉGALES, DROITS ÉGAUX ». La première fois, quand elles versent leurs rentes formidablement décroissantes à des sociétaires qui méritent des rentes égales ; la seconde fois, quand elles ne s'inquiètent pas plus de l'âge de leurs sociétaires que de la naissance du roi de Prusse, et qu'elles font la même rente à celui qui doit en jouir trente ans qu'à celui qui doit en jouir dix ans.

On s'étonne, d'ailleurs, d'avoir à parler encore de semblables errements, qui rappellent la naissance et les premières hésitations de la Mutualité-retraites, il y a vingt-cinq ans. L'article 2 de la loi du 1er Avril 1898 les avait radicalement condamnées, et ces sociétés, en vertu de cet article, avaient été rappelées à une juste conception de la mutualité. La plupart se soumirent. Quelques-unes résistèrent et, par une tolérance incompréhensible, obtinrent gain de cause auprès des Chambres ; une loi spéciale en date du 3 février

1902 leur permettait, en effet, de prolonger leur lamentable erreur.

Un avenir prochain en fera justice sans doute.

* * * * *

La vraie Mutualité.

La critique impitoyable que nous avons voulu faire de la *Mutualité-utopie*, non dans un esprit de polémique, mais par dévouement à la vraie cause mutualiste, nous a mis sur le chemin de la vraie Mutualité-retraites et nous en précise, par avance, les *caractères*.

1° Celle-ci devra restituer, sous forme d'annuités, le capital formé par les cotisations mutualistes, accrues de leurs intérêts, et de la part due à la mortalité ainsi qu'aux dons et legs.

2° Dans la fixation de l'annuité, elle doit tenir compte de l'âge du sociétaire. Supposons par exemple deux sociétaires, l'un de 50 ans et l'autre de 60 qui, arrivés à l'âge de la pension de retraite, se trouvent avoir comme actif mutualiste absolument la même somme ; il est évident que celui qui a 60 ans doit toucher plus que celui qui a 50 ans ; car il court le risque de toucher moins longtemps. Et la fixation de la pension se fera d'après une table de mortalité.

* * * * *

La Boule de Neige.

C'est ainsi que la Mutualité-retraites est pratiquée à la grande société Mutuelle de retraites *la Boule de Neige.* Cette société compte actuellement plus de 63.000 membres et un capital de sept millions passés.

A *la Boule de Neige*, le sociétaire ne peut toucher sa pension avant cinquante ans d'âge et quinze ans de versement, il peut, d'ailleurs, bonifier cette pension en versant sa cotisation plus de quinze ans.

La Boule de Neige est une société qui a reçu l'approbation ministérielle et qui bénéficie par suite de tous les avantages accordés aux sociétés approuvées (1). D'autre part, sa prospérité, la sagesse avec laquelle elle est administrée (2), attirent sur elle chaque année la libéralité des particuliers, des départements et des communes.

La Boule de Neige a un organe mensuel adressé

(1) Voir page 79.

(2) Chaque année l'administration arrive à économiser sur le fonds de gestion la somme de 5.000 francs, qui est passée au fonds de retraites.

à tous les sociétaires et où ils peuvent se rendre compte du placement et de l'emploi des fonds, qui sont d'ailleurs faits en absolue conformité de la loi du 1er Avril 1898.

Le portefeuille de *la Boule de Neige* est actuellement composé de la façon suivante :

Valeurs françaises garanties par l'État *(Obligations de Chemins de fer, des Départements, des Communes, du Crédit Foncier de France)*	1.571.416 05
Caisse des Dépôts et Consignations . .	4.873.077 75
Caisse d'Épargne	1 46
Prêts aux Départements	380.642 87
Prêts aux Villes et Communes.	251.847 22
Total	7.076.985 35

La gestion de ce portefeuille, sous les conditions imposées d'ailleurs par la loi, est confiée à un Conseil d'Administration, composé de 14 membres, le Président compris, qui sont nommés en assemblée générale des sociétaires. Le Conseil d'Administration est lui-même soumis à la vérification d'une commission de contrôle des comptes, dont les membres sont également nommés en assemblée générale.

A *la Boule de Neige*, toutes les fonctions sont gratuites. Seuls, reçoivent des appointements les employés du siège social, qui sont réduits au strict minimum. Ils sont huit actuellement, pour le travail qu'impose la gestion des intérêts de soixante-trois mille mutualistes.

* * * * *

La pension à « la Boule de Neige ».

Ainsi que nous l'avons déjà dit, le service de la pension est organisé à *la Boule de Neige* sur des bases scientifiques; des barêmes ont été établis d'après les tables de mortalité C. R. 4 1/2 % (1).

Tous les versements des sociétaires sont capitalisés. Ils sont augmentés de la part dans la mortalité et, à la fin de chaque année, chaque compte reçoit une bonification provenant des démissions, radiations, amendes, dons, legs, etc.

Ainsi à *la Boule de Neige :*

Le sociétaire touche beaucoup plus que l'argent versé et non pas seulement la rente minime de cet argent.

A charges égales, droits égaux. C'est la mutualité absolue, puisque l'on tient compte et de l'âge du sociétaire et de l'argent versé.

Pas d'aléa. En entrant à la Boule de Neige, *le mutualiste sait à quelques francs près le minimum de ce qu'il doit toucher.*

(1) Voir tableau n° 5 page 122.

En cas de mort, le capital versé est restitué à ses ayants droit grâce à la Sauvegarde de la Mutualité (1).

La Boule de Neige réalise, croyons-nous, l'idéal de la Mutualité-retraites. Elle présente, en effet, toutes les garanties et toute la précision de l'Assurance. Mais elle a sur elle cette immense supériorité, qu'il n'est rien prélevé sur les cotisations, comme dans l'assurance, pour les bénéfices des actionnaires.

Le capital du mutualiste lui revient grossi et non diminué.

* * * * *

Les cotisations de la " Boule de Neige ".

Le fonctionnement de cette grande société.

A *la Boule de Neige*, l'unité des cotisations est de 1 fr., elle s'appelle la part. Mais le mutualiste peut verser par mois le nombre de parts nécessaires à la constitution d'une retraite de 360 fr., d'après son âge d'entrée. Il lui est remis un livret individuel sur lequel est inscrit, au moyen de timbres spéciaux, le montant de ses cotisations.

(1) Voir tableau n° 7, page 125.

Un compte individuel, en accord avec ce livret, est tenu, pour chaque sociétaire, au siège social.

La Boule de Neige, qui a des sociétaires par toute la France, les a répartis en plus de six cents sections dont le nombre va toujours en augmentant. Les sections sont dirigées par un bureau composé d'un Président, d'un Trésorier et de huit Trésoriers-adjoints. Ceux-ci font la recette chaque mois et ils l'envoient au siège social accompagnée d'un bordereau spécial. Ils apposent sur les livrets des sociétaires des timbres provenant d'un carnet à souches ; ils envoient les souches avec la recette et les unes doivent correspondre avec l'autre.

Les fonctionnaires de la section travaillent gratuitement.

Ainsi, tout se fait à *la Boule de Neige* rapidement, économiquement, avec précision et justice. Cette société est le type même de la Mutualité-retraites. L'avenir nous offrira peut-être mieux ; mais, jusqu'ici, un ensemble d'hommes de bonne volonté, se groupant dans la Mutualité pour assurer leur vieillesse, n'ont pas présenté une organisation plus vivante et plus complète.

BARÊMES

TABLEAU N° 1

Barême à l'usage des Sociétés de Secours mutuels prévoyant le cas de décès

Primes annuelles à 3 1/2 d'une Assurance-vie entière de 100 fr. (Capital payable au décès)

Primes pures, sans frais de gestion ni bénéfices.

A. — Primes viagères, (jusqu'au décès).

B. — Primes jusqu'à 60 ans, (temporaires pour des durées variables avec l'âge.

AGES D'ENTRÉE	A	B	AGES D'ENTRÉE	A	B
20 ans	1.35	1.46	41 ans	2.68	3.49
21	1.38	1 50	42	2.78	3.71
22	1.42	1.55	43	2.90	3.94
23	1.46	1.60	44	3,02	4.21
24	1.50	1.65	45	3 14	4.50
25	1,54	1,71	46	3.28	4.84
26	1.59	1.77	47	3,42	5.22
27	1.64	1.84	48	3,57	5.66
28	1.69	1.91	49	3.72	6 19
29	1.75	1.98	50	3.89	6.80
30	1.80	2,06	51	4.07	6.98
31	1.86	2,15	52	4,26	7.17
32	1.93	2,24	53	4.45	7.36
33	2.00	2,34	54	4.67	7.56
34	2.07	2,45	55	4,89	7,77
35	2,14	2,56	56	5.13	7.99
36	2,22	2,69	57	5,38	8,21
37	2,30	2,82	58	5,65	8,45
38	2.39	2 97	59	5,93	8,70
39	2.48	3.13	60	6,24	8,96
40	2,57	3,30			

NOTE EXPLICATIVE DU BARÈME N° 1

La loi du 1er Avril 1898 permet aux Sociétés de Secours mutuels approuvées de constituer, au profit de leurs membres participants, des capitaux en cas de décès, qui peuvent atteindre 3.000 fr. ; le tableau que nous publions ci-dessus est calculé pour un capital de 100 fr., il est donc facile aux Sociétés, qui veulent profiter des avantages accordés par la loi, d'établir leurs barêmes en raison du capital à assurer.

Il est prudent pour les Sociétés de n'admettre, comme membres participants, que des sociétaires de 20 à 50 ans. Néanmoins nos calculs sont poussés jusqu'à 60 ans.

Le but principal étant l'assurance en cas de décès, il a été nécessaire d'employer les primes d'assurances V. E. soit viagères, soit temporaires. Le choix peut même être laissé aux sociétaires.

Les primes sont les primes pures, c'est-à-dire ne donnant pas de bénéfices ; mais il faut les majorer d'une quantité constante, sans tenir compte des différences de valeur des primes ; puisque, pour les Sociétés de Secours mutuels, les frais sont les mêmes pour chaque sociétaire.

Cette somme constante est à apprécier par les Sociétés.

De plus le paiement étant mensuel, il faut

majorer de nouveau chaque prime de 3 % pour les intérêts de retard.

Les primes peuvent être viagères, c'est-à-dire payables jusqu'au décès, ou temporaires, de telle sorte qu'à partir de 60 ans chaque sociétaire n'ait plus rien à payer.

Exception faite pour les âges d'entrée à partir de 50 ans, qui seront du reste fort rares, et pour lesquels on pourrait porter la durée des primes à 10 ans, pour en diminuer un peu le montant.

Chacune de ces primes est supérieure au début à celle que paierait le sociétaire, si l'on ne tenait compte que de la mortalité annuelle, mais ce taux va rapidement en augmentant et devient à un moment donné tellement élevé, que l'opération cesse d'elle-même. Seulement ce mode d'opérer exige alors de temps à autre le calcul de *Réserves*, ce qui peut se faire tous les 5 ans. Pendant chacune de ces périodes, on conservera dans un compte à part, intangible, le montant des primes pures, défalcation faite des paiements d'assurances ; suivant que la mortalité aura été supérieure ou inférieure à la mortalité théorique, il y aura déficit ou excédent, d'où répercussion sur le fonds social.

La majoration des primes excédant les frais de gestion, les resources diverses de la Société formeront un fonds particulier, que l'on pourra diviser entre les membres de la Société pour former une retraite.

Ce fonds sera grossi de la valeur des comptes abandonnés par les sociétaires radiés ou démissionnaires.

TABLEAU N° 2

Barême à l'usage des sociétés de Secours mutuels prévoyant le cas de décès

Sommes que garantit le versement d'une cotisation mensuelle de 1 franc

AGES D'ENTRÉE	CAPITAUX assurés	AGES D'ENTRÉE	CAPITAUX assurés	AGES D'ENTRÉE	CAPITAUX assurés
20 ans	781	34 ans	490	48 ans	284
21	735	35	474	49	272
22	714	36	457	50	260
23	695	37	441	51	249
24	676	38	424	52	238
25	659	39	409	53	228
26	638	40	394	54	217
27	618	41	378	55	207
28	600	42	365	56	197
29	580	43	350	57	187
30	563	44	336	58	179
31	545	45	323	59	171
32	525	46	309	60	162
33	507	47	296		

NOTE EXPLICATIVE DU BARÈME N° 2

Ce tableau indique le capital assuré par le versement d'une cotisation mensuelle de 1 fr.

Exemple :

Un père de famille âgé de 28 ans qui s'engagerait à verser à une Société une cotisation mensuelle de 1 franc, garantirait à sa famille un capital de 600 francs, même si son décès se produisait le lendemain de son adhésion.

Il est entendu que ce capital se trouverait doublé, s'il versait une cotisation de 2 francs, et ainsi de suite jusqu'à 3.000 francs, maximum fixé par la loi de 1898.

Nous faisons observer aux Sociétés de Secours mutuels qui mettraient ce barème en pratique que la cotisation mensuelle de 1 franc comprend, contrairement aux primes du tableau n° 1, le montant des frais de gestion, lesquels ont été évalués à environ 15 %.

Les Sociétés pourraient augmenter cette majoration si elles le jugeaient convenable, bien qu'elle nous paraisse suffisante. La Société « *Le Soutien des Familles* » a adopté ce tarif tel que nous le présentons ici et a obtenu des résultats satisfaisants.

TABLEAU N° 3

Barème à l'usage des Sociétés de Secours mutuels
Table de mortalité C. R. Taux de placement 3 1/2 0/0

Cotisation annuelle à verser depuis l'âge à l'admission jusqu'à l'âge de la retraite, pour assurer une pension viagère annuelle de 100 francs payable par trimestres échus.

Souscription à Capital aliéné
(c'est-à-dire à fonds perdus)

Voir au verso le tableau n° 3.

AGE à L'ADMISSION	AGE DE LA RETRAITE			
	50 ans	55 ans	60 ans	65 ans
3 ans	9,02	6,02	3,83	2,28
4	9,46	6,30	4,01	2,38
5	9,91	6,60	4,20	2,49
6	10,40	6,91	4,39	2,60
7	10,92	7,24	4,60	2,72
8	11,46	7,59	4,81	2,85
9	12,04	7,97	5,04	2,98
10	12,66	8,36	5,29	3,12
11	13,32	8,77	5,54	3,27
12	14,02	9,22	5,81	3,43
13	14,76	9,68	6,10	3,59
14	15,56	10,19	6,40	3,77
15	16,42	10,72	6,73	3,94
16	17,33	11,29	7,07	4,15
17	18,30	11,89	7,43	4,36
18	19,37	12,54	7,82	4,58
19	20,50	13,23	8,23	4,81
20	21,71	13,96	8,67	5,06
21	23,02	14,75	9,13	5,32
22	24,44	15,59	9,63	5,60
23	25,96	16,49	10,15	5,89
24	27,62	17,46	10,72	6,20
25	29,44	18,50	11,32	6,54
26	31,36	19,62	11,96	6,89
27	33,49	20,83	12,65	7,27
28	35,82	22,14	13,39	7,67
29	38,39	23,56	14,18	8,10
30	41,22	25,10	15,03	8,57
31	44,35	26,78	15,96	9,06
32	47,84	28,61	16,97	9,59
33	51,74	30,63	18,03	10,17
34	56,13	32,85	19,21	10,78
35	61,10	35,29	20,49	11,45
36		38,01	21,88	12,17
37		41,04	23,41	12,95
38		44,43	25,09	13,79
39		48,25	26,94	14,72
40		52,58	28,99	15,72
41			31,27	16,83
42			33,82	18,04
43			36,68	19,38
44			39,99	20,85
45			43,57	22,49
46				24,32
47				26,37
48				28,68
49				31,33
50				34,29

TABLEAU N° 4

Barême à l'usage des Sociétés de Secours mutuels
Table de mortalité C. R. Taux de placement 3 1/2 0/0

Cotisation annuelle à verser depuis l'âge à l'admission jusqu'à l'âge de la retraite, pour assurer une pension viagère annuelle de 100 francs payable par trimestres échus.

Souscription à capital réservé
(c'est-à-dire avec contre-assurance) (1)

Voir au verso le tableau n° 4.

(1) Les chiffres figurant dans ce tableau n'ont été calculés avec contre-assurance que pour une durée maximum de 20 ans.

AGE à L'ADMISSION	AGE DE LA RETRAITE			
	50 ans	55 ans	60 ans	65 ans
3 ans	9.69	6 46	4.11	2.44
4	10.16	6.76	4.30	2.55
5	10.64	7.08	4.50	2.67
6	11.17	7.42	4.71	2.79
7	11.74	7.78	4.94	2.92
8	12,33	8.16	5.17	3.06
9	12,97	8.59	5.43	3.21
10	13.66	9.02	5.70	3.36
11	14,38	9.47	5.98	3.53
12	15.35	9.96	6.28	3.70
13	15.97	10.47	6.60	3.88
14	16.83	11.02	6.92	4.07
15	17.78	11.60	7.28	4.26
16	18.78	12.23	7.66	4.49
17	19.85	12.90	8.06	4.73
18	21.03	13.61	8.49	4.97
19	22.26	14.36	8.93	5.22
20	24.59	15.17	9.42	5.50
21	25.07	16.06	9.94	5.79
22	26.64	16.99	10.49	6.10
23	28.34	18. »	11 08	6.43
24	30.21	19.10	11.72	6.78
25	32.26	20,27	12.40	7.16
26	34.43	21.54	13.13	7.56
27	36.87	22.93	13.92	8. »
28	39.54	24.44	14.78	8.46
29	42.49	26.08	15.69	8.96
30	45.75	27.86	16.68	9.51
31	49.09	29.83	17.71	10.09
32	52.81	31.98	18.97	10.72
33	56.86	34.39	20.24	11 42
34	61.51	37.02	21.64	12.14
35	66.72	39.98	23.21	12.97
36		42.91	24.92	13.75
37		46.21	26.80	14.82
38		49.85	28.90	15.88
39		53.94	31.25	17.07
40		58.57	33.86	18.36
41			36.42	19.82
42			39.26	21.43
43			42.40	23.21
44			46.07	25.92
45			49.97	27.50
46				29.64
47				32.01
48				34.67
49				37.72
50				41.07

TABLEAU N° 5

Barême à l'usage des Sociétés de Secours mutuels
Table de mortalité C. R. Taux de placement 4 1/2 0/0

Cotisation annuelle à verser depuis l'âge à l'admission jusqu'à l'âge de la retraite, pour assurer une pension viagère annuelle de 100 francs payable par trimestres échus.

Souscription à capital aliéné
(c'est-à-dire à fonds perdus)

Voir au verso le tableau n° 5.

AGE à L'ADMISSION	AGE DE LA RETRAITE 50 ans	55 ans	60 ans	65 ans
3 ans	6.36	4.18	2,63	1.53
4	6.66	4.41	2.77	1.61
5	7,05	4.66	2.93	1,70
6	7,45	4.93	3.10	1.81
7	7.89	5.21	3,28	1.91
8	8,33	5.53	3,46	2.02
9	8.82	5.85	3.68	2,14
10	9.37	6.18	3,89	2.26
11	9,91	6.55	4.12	2.40
12	10,52	6.93	4,37	2,54
13	11.11	7.40	4.65	2,70
14	11,88	7.84	4.91	2.89
15	12.63	8,33	5,21	3,06
16	13,48	8.88	5.53	3.25
17	14.28	9.44	5.94	3,45
18	15.18	10,08	6.31	3,68
19	16.21	10.71	6.74	3.93
20	17.39	11,42	7,18	4,19
21	18.46	12.24	7.69	4.47
22	19.67	13,04	8,21	4,80
23	21,05	13.95	8,82	5,12
24	22,64	15,»»	9.44	5,50
25	24,»»	16.21	10,16	5.91
26	26,08	17,39	10.90	6,35
27	27.90	18,75	11,76	6,81
28	30,76	20,»»	12,63	7,36
29	33,33	21,81	13,86	7,94
30	35,29	23,52	14,81	8,03
31	38,70	25,53	16,»»	9,30
32	42,85	27,91	17,39	10.17
33	46.15	30,»»	19.04	11,11
34	50,»»	33,33	21,05	12,12
35	54,54	36,36	23,07	13,33
36		38,74	24,»»	14,11
37		40,»»	25,53	14,81
38		42,85	26,66	15.58
39		46,15	28,57	16.43
40		48,»»	30,»»	17,89
41			31,57	18,46
42			34.28	19,35
43			36.36	20,68
44			37,50	21,81
45			40,»»	23,52
46				24,48
47				26.08
48				27.90
49				30,»»
50				31,57

TABLEAU N° 6

Barême à l'usage des Sociétés de Secours mutuels
Table de mortalité C. R. Taux de placement 4 1/2 0/0

Cotisation annuelle à verser depuis l'âge à l'admission jusqu'à l'âge de la retraite, pour assurer une pension viagère annuelle de 100 francs payable par trimestres échus.

Souscription à capital réservé
(c'est-à-dire avec contre-assurance) (1)

Voir au verso le tableau n° 6.

(1) Les chiffres figurant dans ce tableau n'ont été calculés avec contre-assurance que pour une durée maximum de 20 ans.

AGE à L'ADMISSION	AGE DE LA RETRAITE			
	50 ans	55 ans	60 ans	65 ans
3 ans	6.83	4.48	2.82	1.64
4	7.14	4.73	2.97	1.72
5	7.57	5.01	3.14	1.82
6	8. »	5.29	3.32	1.94
7	8.48	5.60	3.52	2.05
8	8.96	5.95	3.72	2.17
9	9.50	6.30	3.96	2.30
10	10.11	6.66	4.19	2.43
11	10.70	7.07	4.44	2.59
12	11.37	7.48	4.72	2.74
13	12.02	7.99	5.03	2.92
14	12.85	8.48	5.31	3.12
15	13.67	9.02	5.67	3.31
16	14.61	9.62	5.99	3.52
17	15.49	10.24	6.44	3.74
18	16.48	10.94	6.85	3.99
19	17.60	11.63	7.31	4.26
20	18.90	12.41	7.80	4.55
21	20.10	13.32	8.37	4.86
22	21.44	14.21	8.94	5.23
23	22.98	15.22	9.63	5.59
24	24.76	16.41	10.32	6.01
25	26.30	17.76	11.03	6.47
26	28.63	19.09	11.96	6.97
27	30.71	20.64	12.94	7.49
28	33.96	22.14	13.94	8.12
29	36.89	24.14	15.34	8.78
30	39.16	26.10	16.43	9.57
31	42.84	28.44	17.82	10.36
32	47.30	31.20	19.44	11.37
33	50.71	33.69	21.38	12.47
34	54.80	37.56	23.72	13.65
35	59.55	41.19	26.13	15.10
36		43.74	27.12	16.07
37		45.04	29.23	16.95
38		48.07	30.71	17.94
39		51.59	33.14	19.01
40		53.47	35.04	20.31
41			36.77	21.74
42			39.79	22.98
43			42.03	24.77
44			43.20	26.39
45			45.88	28.76
46				29.84
47				31.66
48				33.73
49				36.12
50				37.82

TABLEAU N° 7

Ce barème est établi pour 1 franc, c'est-à-dire que le chiffre qui se trouve en regard de chaque âge est la prime qu'il faut verser pour obtenir le remboursement de 1 franc pour les durées qui se trouvent en tête du tableau.

11.

TABLEAU N° 7

AGES	DURÉE 1 an	DURÉE 2 ans	DURÉE 3 ans	DURÉE 4 ans	DURÉE 5 ans	DURÉE 6 ans	DURÉE 7 ans	DURÉE 8 ans	DURÉE 9 ans	DURÉE 10 ans	DURÉE 11 ans	DURÉE 12 ans	DURÉE 13 ans	DURÉE 14 ans	DURÉE 15 ans	DURÉE 16 ans	DURÉE 17 ans	DURÉE 18 ans	DURÉE 19 ans	DURÉE 20 ans
1	2	3	4	5	6	7	8	9	10	11	12	13	14	15	16	17	18	19	20	21
0 an	0.044	0.056	0.063	0.066	0.068	0.069	0.068	0.068	0.066	0.066	0.066	0.066	0.066	0.067	0.069	0.071	0.074	0.077	0.080	0.084
1 »	0.034	0.043	0.048	0.051	0.053	0.053	0.053	0.053	0.053	0.053	0.054	0.055	0.056	0.058	0.061	0.064	0.067	0.071	0.075	0.078
2 »	0.026	0.033	0.037	0.039	0.042	0.041	0.042	0.042	0.043	0.044	0.046	0.048	0.050	0.053	0.056	0.060	0.064	0.068	0.072	0.075
3 »	0.020	0.025	0.028	0.031	0.032	0.033	0.034	0.035	0.037	0.038	0.040	0.043	0.046	0.050	0.054	0.058	0.062	0.066	0.070	0.074
4 »	0.015	0.019	0.022	0.024	0.026	0.027	0.029	0.030	0.032	0.035	0.038	0.041	0.045	0.049	0.053	0.058	0.062	0.066	0.070	0.074
5 ans	0.012	0.015	0.018	0.020	0.021	0.023	0.025	0.028	0.030	0.033	0.037	0.040	0.045	0.049	0.054	0.058	0.062	0.067	0.070	0.074
6 »	0.010	0.012	0.015	0.017	0.019	0.021	0.023	0.026	0.029	0.033	0.037	0.041	0.046	0.051	0.056	0.059	0.063	0.067	0.071	0.074
7 »	0.008	0.010	0.012	0.015	0.017	0.021	0.023	0.026	0.030	0.034	0.038	0.043	0.048	0.052	0.057	0.061	0.065	0.069	0.072	0.075
8 »	0.007	0.009	0.012	0.014	0.017	0.021	0.023	0.027	0.031	0.036	0.040	0.045	0.050	0.054	0.058	0.062	0.066	0.070	0.073	0.076
9 »	0.006	0.008	0.011	0.014	0.017	0.021	0.025	0.029	0.033	0.038	0.043	0.047	0.052	0.056	0.060	0.064	0.067	0.071	0.074	0.078
10 ans	0.006	0.008	0.011	0.014	0.018	0.022	0.026	0.031	0.035	0.040	0.045	0.049	0.054	0.058	0.061	0.065	0.068	0.072	0.075	0.079
11 »	0.006	0.009	0.012	0.015	0.019	0.024	0.028	0.033	0.038	0.042	0.047	0.051	0.055	0.059	0.062	0.066	0.069	0.073	0.076	0.080
12 »	0.007	0.009	0.013	0.016	0.021	0.025	0.030	0.035	0.040	0.044	0.048	0.052	0.056	0.060	0.063	0.067	0.070	0.074	0.077	0.081
13 »	0.007	0.010	0.014	0.018	0.023	0.027	0.032	0.037	0.041	0.046	0.049	0.053	0.057	0.060	0.064	0.067	0.071	0.075	0.078	0.082
14 »	0.007	0.011	0.015	0.018	0.024	0.029	0.033	0.038	0.042	0.046	0.050	0.053	0.057	0.061	0.064	0.068	0.072	0.075	0.079	0.082
15 ans	0.007	0.012	0.016	0.021	0.025	0.030	0.035	0.039	0.043	0.047	0.050	0.054	0.057	0.061	0.065	0.068	0.072	0.076	0.079	0.083
16 »	0.008	0.012	0.016	0.022	0.026	0.031	0.035	0.039	0.043	0.047	0.050	0.054	0.057	0.061	0.065	0.069	0.072	0.076	0.080	0.084
17 »	0.008	0.013	0.018	0.022	0.027	0.031	0.035	0.039	0.043	0.046	0.050	0.054	0.058	0.061	0.065	0.069	0.073	0.077	0.081	0.085
18 »	0.009	0.014	0.018	0.022	0.027	0.031	0.035	0.039	0.042	0.046	0.050	0.054	0.058	0.062	0.065	0.069	0.073	0.077	0.081	0.086
19 »	0.009	0.014	0.018	0.023	0.027	0.031	0.035	0.039	0.042	0.046	0.050	0.054	0.058	0.062	0.066	0.070	0.074	0.078	0.082	0.086
20 ans	0.009	0.014	0.018	0.023	0.027	0.030	0.034	0.038	0.042	0.046	0.050	0.054	0.058	0.062	0.066	0.070	0.075	0.079	0.083	0.087
21 »	0.009	0.014	0.018	0.022	0.026	0.030	0.034	0.038	0.042	0.046	0.050	0.054	0.058	0.063	0.067	0.071	0.075	0.080	0.084	0.089
22 »	0.009	0.014	0.018	0.022	0.026	0.030	0.034	0.038	0.042	0.046	0.050	0.055	0.059	0.063	0.068	0.072	0.076	0.081	0.086	0.090
23 »	0.009	0.013	0.017	0.021	0.026	0.030	0.034	0.038	0.042	0.047	0.051	0.055	0.060	0.064	0.068	0.073	0.078	0.082	0.087	0.092
24 »	0.009	0.013	0.017	0.021	0.026	0.030	0.034	0.039	0.043	0.047	0.051	0.056	0.060	0.065	0.069	0.074	0.079	0.084	0.089	0.094
25 ans	0.009	0.013	0.017	0.022	0.026	0.030	0.034	0.039	0.043	0.048	0.052	0.057	0.061	0.066	0.071	0.075	0.080	0.086	0.091	0.096
26 »	0.009	0.013	0.017	0.022	0.026	0.030	0.035	0.039	0.044	0.048	0.053	0.058	0.062	0.067	0.072	0.077	0.082	0.087	0.093	0.098
27 »	0.009	0.013	0.017	0.022	0.027	0.031	0.035	0.040	0.045	0.049	0.054	0.059	0.063	0.069	0.074	0.079	0.084	0.090	0.095	0.101
28 »	0.009	0.013	0.018	0.022	0.027	0.031	0.036	0.041	0.045	0.050	0.055	0.059	0.065	0.070	0.075	0.081	0.086	0.092	0.097	0.104
29 »	0.009	0.014	0.018	0.023	0.027	0.032	0.037	0.041	0.046	0.051	0.056	0.061	0.066	0.072	0.077	0.082	0.088	0.094	0.101	0.107
30 ans	0.009	0.013	0.018	0.021	0.028	0.032	0.037	0.042	0.047	0.052	0.057	0.062	0.068	0.073	0.079	0.085	0.091	0.097	0.104	0.110
31 »	0.009	0.013	0.019	0.023	0.028	0.033	0.038	0.043	0.048	0.053	0.059	0.064	0.070	0.075	0.081	0.087	0.094	0.100	0.107	0.114
32 »	0.009	0.014	0.019	0.024	0.029	0.034	0.039	0.044	0.049	0.054	0.060	0.066	0.071	0.077	0.084	0.090	0.097	0.104	0.110	0.118
33 »	0.010	0.014	0.019	0.024	0.029	0.034	0.039	0.045	0.050	0.056	0.060	0.068	0.074	0.080	0.086	0.093	0.099	0.107	0.115	0.123
34 »	0.010	0.015	0.020	0.025	0.030	0.035	0.040	0.046	0.052	0.057	0.063	0.070	0.076	0.082	0.089	0.096	0.104	0.111	0.119	0.127
35 ans	0.010	0.015	0.020	0.025	0.031	0.036	0.041	0.047	0.053	0.059	0.065	0.072	0.078	0.085	0.092	0.100	0.108	0.116	0.124	0.133
36 »	0.010	0.015	0.020	0.026	0.031	0.037	0.043	0.049	0.055	0.061	0.067	0.074	0.081	0.088	0.096	0.104	0.112	0.121	0.129	0.139
37 »	0.010	0.016	0.021	0.027	0.032	0.038	0.044	0.050	0.056	0.063	0.070	0.077	0.084	0.092	0.100	0.108	0.118	0.126	0.135	0.145
38 »	0.011	0.016	0.022	0.027	0.033	0.039	0.045	0.052	0.058	0.065	0.072	0.080	0.087	0.095	0.104	0.113	0.122	0.132	0.142	0.152
39 »	0.011	0.017	0.022	0.028	0.034	0.040	0.047	0.053	0.061	0.068	0.075	0.083	0.091	0.100	0.109	0.118	0.128	0.138	0.149	0.160
40 ans	0.011	0.017	0.023	0.029	0.035	0.042	0.049	0.055	0.062	0.070	0.078	0.086	0.095	0.104	0.114	0.124	0.134	0.145	0.157	0.168
41 »	0.011	0.017	0.024	0.030	0.036	0.043	0.050	0.058	0.065	0.073	0.082	0.090	0.099	0.110	0.119	0.129	0.141	0.152	0.165	0.178
42 »	0.012	0.018	0.024	0.031	0.038	0.045	0.052	0.061	0.068	0.076	0.085	0.095	0.104	0.115	0.125	0.136	0.148	0.161	0.174	0.188
43 »	0.012	0.019	0.025	0.032	0.039	0.047	0.054	0.063	0.071	0.080	0.089	0.099	0.109	0.120	0.132	0.144	0.157	0.170	0.184	0.198
44 »	0.013	0.019	0.026	0.033	0.041	0.049	0.057	0.065	0.074	0.084	0.094	0.104	0.115	0.127	0.138	0.152	0.165	0.179	0.194	0.210
45 ans	0.013	0.020	0.027	0.035	0.043	0.051	0.060	0.069	0.078	0.088	0.099	0.110	0.121	0.134	0.147	0.161	0.175	0.190	0.206	0.223
46 »	0.014	0.021	0.029	0.036	0.045	0.053	0.063	0.072	0.082	0.093	0.104	0.116	0.128	0.142	0.155	0.170	0.187	0.202	0.219	0.237
47 »	0.014	0.022	0.030	0.038	0.047	0.056	0.066	0.076	0.087	0.098	0.110	0.123	0.136	0.150	0.165	0.181	0.197	0.214	0.233	0.252
48 »	0.015	0.023	0.031	0.040	0.049	0.059	0.069	0.080	0.092	0.104	0.116	0.130	0.144	0.159	0.175	0.191	0.209	0.228	0.248	0.268
49 »	0.016	0.024	0.033	0.042	0.052	0.062	0.073	0.085	0.097	0.110	0.123	0.138	0.153	0.169	0.186	0.204	0.223	0.243	0.264	0.285
50 ans	0.016	0.025	0.034	0.044	0.055	0.067	0.077	0.090	0.103	0.116	0.131	0.146	0.163	0.180	0.198	0.218	0.238	0.259	0.281	0.304
51 »	0.017	0.027	0.036	0.047	0.058	0.070	0.082	0.095	0.109	0.124	0.139	0.156	0.173	0.192	0.211	0.232	0.253	0.276	0.300	0.324
52 »	0.018	0.028	0.039	0.050	0.061	0.074	0.087	0.101	0.116	0.132	0.149	0.166	0.185	0.205	0.226	0.248	0.271	0.295	0.320	0.346
53 »	0.019	0.030	0.041	0.052	0.065	0.078	0.093	0.108	0.124	0.140	0.159	0.177	0.197	0.219	0.241	0.265	0.289	0.315	0.341	0.368
54 »	0.020	0.031	0.043	0.056	0.069	0.083	0.099	0.115	0.132	0.150	0.169	0.190	0.211	0.234	0.258	0.283	0.308	0.336	0.363	0.393
55 ans	0.022	0.034	0.046	0.059	0.074	0.089	0.105	0.123	0.141	0.160	0.181	0.203	0.226	0.250	0.276	0.303	0.330	0.359	0.388	0.419
56 »	0.023	0.036	0.049	0.063	0.079	0.096	0.113	0.131	0.151	0.172	0.194	0.217	0.242	0.268	0.295	0.324	0.353	0.383	0.414	»
57 »	0.024	0.038	0.052	0.068	0.084	0.102	0.121	0.140	0.162	0.184	0.208	0.233	0.259	0.287	0.316	0.346	0.376	0.409	»	»
58 »	0.026	0.040	0.056	0.072	0.090	0.109	0.129	0.151	0.173	0.198	0.223	0.250	0.278	0.306	0.338	0.370	0.402	»	»	»
59 »	0.028	0.043	0.060	0.078	0.097	0.117	0.139	0.162	0.186	0.212	0.240	0.268	0.299	0.330	0.362	0.396	»	»	»	»
60 »	0.030	0.046	0.064	0.083	0.104	0.126	0.149	0.174	0.200	0.227	0.268	0.288	0.320	0.354	0.388	»	»	»	»	»

CONCLUSION

Tu seras Mutualiste.

Ouvrier de la ville et des champs, petit employé, qui as lu ce petit livre, tu dois connaître maintenant les diverses formes de la mutualité et les avantages que tu peux en retirer.

Sans difficulté, aussi, tu as dû comprendre que le devoir d'être mutualiste est pour toi aussi pressant qu'utile à remplir.

Laisse-moi te le redire à la dernière page de ce modeste livre, comme je l'ai dit à la première.

Tu seras mutualiste par dignité, parce que la mutualité te permettra de traverser, sans recourir à la charité, les mauvais jours de ton existence.

Tu seras mutualiste parce que tu n'as pas de meilleurs moyens pour te procurer la sécurité dans le travail.

Tu seras mutualiste parce que la mutualité s'offre à toi comme le plus sûr bâton de vieillesse.

Tu seras mutualiste pour faire ton devoir de citoyen et maintenir, autant qu'il est en ton pouvoir, l'équilibre social.

Tu seras mutualiste si tu veux amener à toi la générosité des classes aisées et imposer à l'Etat, par la voix de tes représentants, de mieux aider ta prévoyance et l'effort que tu fais pour n'être pas une charge dans le groupe social.

Tu seras mutualiste dans tes enfants qui, dès les bancs de la classe, devront connaître l'utilité de l'épargne en commun.

Tu seras mutualiste pour ton pays, parce que la mutualité est le meilleur moyen de progrès et d'apaisement social.

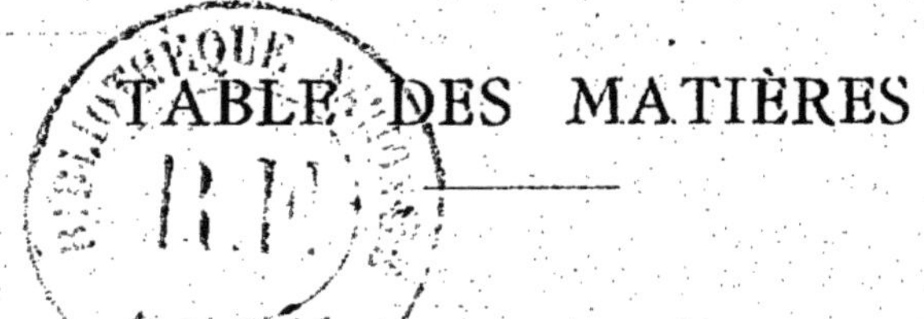

TABLE DES MATIÈRES

TITRE II. — ÉDUCATION PRATIQUE DU MUTUALISTE

CHAPITRE IV

Sociétés de secours mutuels

CHAPITRE V

Les annexes des sociétés de secours mutuels

CHAPITRE VI

Sociétés mutuelles de retraites, Leur régime légal

CHAPITRE VII

Les différents buts des sociétés mutuelles de retraites. La contre-assurance

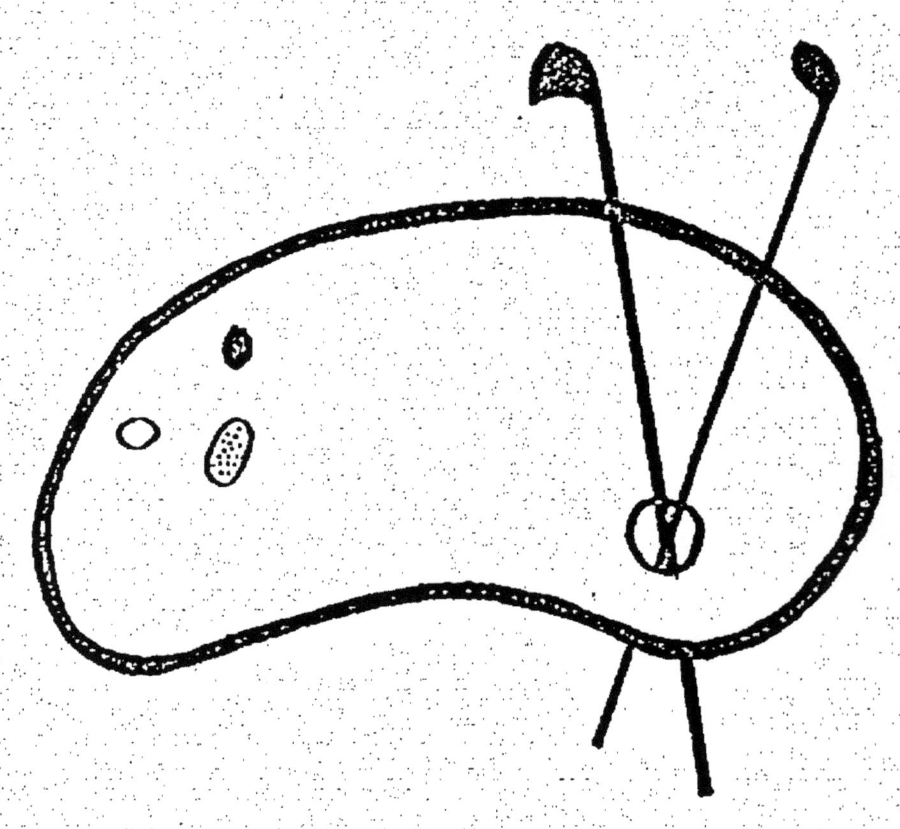

www.ingramcontent.com/pod-product-compliance
Ingram Content Group UK Ltd.
Pitfield, Milton Keynes, MK11 3LW, UK
UKHW022110190726
13855UKWH00002B/758